Bruno Bérard y Aldo La Fata

¿Qué es el esoterismo?

Entre verdades y falsificaciones

Hipérbola Janus

¿Qué es el esoterismo?
Entre verdades y falsificaciones

Primera edición: Febrero 2025
Ejemplar impreso bajo demanda.

ISBN: 978-1-961928-22-0 (Tapa blanda)
        978-1-961928-23-7 (Tapa dura)

Obra original:
Bruno Bérard y Aldo La Fata, *Esotérisme pour tous:
Entretiens avec Aldo La Fata*, París: Editions L'Harmattan, 2024

Hipérbola Janus

hiperbolajanus.com | info@hiperbolajanus.com | ◯⬤⊗ @HiperbolaJanus

Índice general

Exergo
    por Bruno Bérard   IX

I   **Esoterismo y ciencia**   **3**
    1.   Esoterismo u ocultismo 3
    2.   Esoterismo y exoterismo 4
    3.   Esoterismo verdadero y falso 5
    4.   Esoterismos y esoterología 8
    5.   Esoterólogos y esoteristas 9
    6.   Esoterismo y conocimiento 10

II   **Esoterismo y religión**   **13**
    1.   Esoterismo: ¿teoría o camino? 13
    2.   ¿Vía esotérica o vía religiosa? 15
    3.   Esoterismo y gracia 18
    4.   Lenguaje esotérico y lenguaje religioso 18
    5.   Gracia y transmisión iniciática 20
    6.   Esoterismo religioso y religión esotérica 21

III   **Biografía esotérica**   **23**
    1.   Julius Evola 23
    2.   *Un padre dirigente de* Acción Católica *y terciario franciscano* 24
    3.   René Guénon 25
    4.   Entornos esotéricos romanos 25
    5.   Silvano Panunzio 27

6.   La Alianza Trascendente Arcángel Miguel 28
7.   La cueva sagrada del Gargano 30

IV   Historia del esoterismo   **33**
1.   Un esoterismo ahistórico 33
2.   Esoterismo, una historia de los hombres 35
3.   Padres mayores: Hermes, Pitágoras, Moisés, Manú,
     Orfeo 35
4.   Religiones misteriosas 37
5.   Patrística esotérica y Escolástica 38
6.   Esoterismo: geografía de los orígenes históricos 39
7.   Esoterismo y gnosticismo 40
8.   Esoterismo y escuelas filosóficas 41

V   Esoterismo y esoteristas   **43**
1.   Clasificación de los esoterismos 43
2.   Una patrística del esoterismo 44
3.   Dante, el esoterista por excelencia 48
4.   El esotérico Sócrates 49
5.   El esoterista Aristóteles 49
6.   Escuelas y esoteristas escolásticos 52
7.   El esoterista Guénon 53

VI   Una aventura en el esoterismo   **57**
1.   Panunzio, metafísico cristiano 57
2.   Paolo Virio, un esoterista cristiano 58
3.   La ciencia de los magos 60
4.   Introducción a la magia 62
5.   Gustav Meyrink 64
6.   Goethe, Shakespeare, Dante 65
7.   Mircea Eliade 66

VII Esoterismo y misticismo   **69**
1.   Místico... 69
2.   ... ¿o misticismo? 70
3.   Misticismo espontáneo 71
4.   Misterio, esoterismo *y* religión 71

	5.	Esoterismo y misticismo	73
	6.	¿Misticismo o iniciación?	75
VIII		**Esoterismo judío**	**77**
	1.	Orígenes: la Merkavah	78
	2.	Interpretaciones	79
	3.	La Cábala	81
	4.	El método cabalístico	83
	5.	Cábala luriánica, frankismo, sabbatismo	86
IX		**Esoterismo islámico**	**89**
	1.	La lengua árabe e Ibn 'Arabi	89
	2.	Las mujeres en el esoterismo islámico	90
	3.	¿Misticismo islámico, sufismo o esoterismo islámico?	91
	4.	Chiísmo duodecimano	93
	5.	Las prácticas	95
X		**Esoterismo cristiano**	**97**
	1.	¿Esoterismo cristiano o gnosticismo?	97
	2.	Sincretismos	98
	3.	¿Jesús esenio?	99
	4.	Jesús y el esoterismo	101
	5.	Esoterismo y exoterismo	103
	6.	Esoterismo cristiano y masonería	104
	7.	Esoterismo cristiano y neoplatonismo	105
	8.	Esoterismo y protestantismo	107
	9.	Esoterismo y ortodoxia	108
XI		**Esoterismo hindú**	**111**
	1.	Esoterismo y ashrams	112
	2.	Los rishi	113
	3.	Esoterismo y sacrificio hindúes	114
	4.	Esoterismo y exoterismo hindúes	115
	5.	Los Upanishads	116
	6.	Los Vedas y el Vedanta	117
	7.	Esoterismo y yoga	118
	8.	Shankara	119

XII Esoterismo budista **121**

1. Buda 121
2. ¿Budismo o hinduismo? 122
3. Esoterismo budista 123
4. Meditación budista 124
5. Esoterismo budista y tantrismo 126
6. Esoterismo budista y mandalas 129
7. Esoterismo práctico: Zen 130
8. Esoterismo en el Pequeño y Gran vehículo 131

XIII Esoterismo taoísta **133**

1. ¿Taoísmo esotérico, religioso o ético? 133
2. El «periodo axial» 134
3. Los orígenes del esoterismo taoísta 135
4. Esoterismo taoísta y política 137
5. El camino del Tao 137
6. Tao *y* Deus absconditus 139
7. Yin y Yang 139
8. Esoterismo taoísta y alquimia 140
9. El esoterismo taoísta y la búsqueda de la inmortalidad 141
10. Taoísmo: un esoterismo 142

XIV Esoterismos modernos **145**

1. Ocultismo del siglo XIX y *New Age* contemporánea . 146
2. *Pseudo esoterismo y* religión 147
3. ¿Gnosis o gnosticismo? 149
4. Algunos falsos esoterismos contemporáneos 150
5. Esoterismo *y* falsificación 154
6. Transmisiones y discontinuidades 155
7. Esoterismo religioso 156

XV Esoterismo y metafísica **159**

1. Puro intelecto e imaginación creativa 159
2. Esoterismo y cosmología 161
3. Esoterismo y simbolismo actuado 162
4. Metafísica y esoterismo: el paso por la muerte 163

5. Vía esotérica y protección metafísica 164

6. Esoterismo y metafísica son complementarios 166

XVI Esoterismo y «humildad cognitiva» **169**

1. Verdad y opiniones 170

2. Esoterismo y riesgo de orgullo 171

3. Esoterismo y humildad 172

4. Esoterismo erudito y arrogancia 174

5. La humildad como criterio 175

XVII ¿Qué es el esoterismo? **179**

1. Esoterismo, hacia una definición 179

2. Algunos esoteristas actuales o contemporáneos 181

3. Esoterismo, el camino de lo invisible 183

4. Esoterismo: lo uno y lo múltiple 184

5. Esoterismo: mediador entre ciencia y religión 186

Anexo: El árbol sefirótico **189**

Epílogo
de Jean-Pierre Brach **191**

Acerca de los autores **197**

Exergo

por Bruno Bérard

Eᴌ ᴇsoᴛᴇʀɪsᴍo ᴇxɪsᴛᴇ ᴅᴇsᴅᴇ ʜᴀᴄᴇ ᴍɪʟᴇɴɪos, desde los orígenes más remotos de la humanidad, y consiste en adentrarse cada vez más en los misterios de Dios, del mundo y de la vida humana.

En el siglo xix, esoterismo y ocultismo —los «falsos gemelos» (J.P. Laurant)— alcanzaron tal paroxismo que fue necesario recurrir a los dos sustantivos para designarlos; y fue René Guénon quien se encargaría de distinguirlos claramente atribuyendo mayor valor al primero, del que se convertiría en una especie de «codificador» y «legislador».

Incluso hoy, en el seno de culturas occidentales en gran medida secularizadas, florecen los pseudoesoterismos: *New Age*, ufología, desarrollos personales, etc.

Desde hace varias décadas, numerosos trabajos académicos se han centrado en todas las formas conocidas de esoterismo sin distinguir, por desgracia, ya lo verdadero de lo falso: desde los megalitismos ancestrales hasta los gnosticismos filosóficos modernos. No obstante, el enfoque historicista, descriptivo por naturaleza, merece ser completado con evaluaciones y juicios de valor; sin embargo, es necesario saber desde qué punto de vista pueden hacerse tales juicios.

EXERGO

Aldo La Fata, cuya «humildad cognitiva» ha sido tan acertadamente reconocida por el sociólogo Carlo Gambescia y cuya intimidad con el catolicismo no es ni oculta ni escandalosamente ostentosa, tiene la gran ventaja de un punto de vista que nos viene como anillo al dedo.

Con una erudición esencial que nunca lastra sus discursos, un lenguaje libre y claro, Aldo La Fata nos pareció una buena «piedra de toque» para abordar el controvertido tema del esoterismo. El lector juzgará.

— Bruno Bérard

¿Qué es el esoterismo?

I

Esoterismo y ciencia

Con la aparición del término «esoterismo» en el siglo
XIX, todos los enfoques esotéricos (movimientos hacia
el interior de los misterios de la vida, del mundo y de
Dios) se unieron bajo un mismo término. Si, por tanto,
todo enfoque esotérico podía llevar el nombre de ciencia
—en el sentido etimológico de conocimiento—, la nueva
noción que es el esoterismo constituye una noción de
segundo grado. ¿Cómo organizar este conocimiento? Se
plantea inmediatamente la cuestión de ir más allá de la
descripción histórica.

Bruno Bérard (BB). Todo el libro nos permitirá establecer qué es
el esoterismo y en el último capítulo intentaremos dar una definición
del mismo. Pero tenemos que empezar: ¿puede decirnos algo sobre
esta palabra y, como primera aproximación, qué designa?

1. Esoterismo u ocultismo

Aldo La Fata (ALF). Cabe señalar que, a diferencia del adjetivo,
que parece haber existido siempre, el sustantivo es muy reciente.
Apareció por primera vez en 1792[1] en alemán (*die Esoterik*), luego

---

[1]Relatado por Monika Neugebauer-Wölk («Der Esoteriker und die Esoterik...», 2010) en la *Urgeschichte* de Johann Philipp Gabler, de Johann Gottfried

en 1828[2] , antes de ser ampliamente utilizado por Éliphas Lévi, por ejemplo, a menudo como sustituto aproximado de *philosophia perennis* o *philosophia occulta*[3] .

BB – De ahí la falta de distinción entre «esoterismo» y «ocultismo», término este último utilizado como equivalente del primero por Robert Amadou en el siglo XX[4] .

ALF – Una distinción que, sin embargo, sería definitivamente establecida por René Guénon en la primera mitad del siglo XX. Obsérvese que el sustantivo aparece y se difunde en los albores de la secularización de la cultura en Europa. ¡Esta aparición, o mejor dicho, la necesidad de definir, marca el momento del eclipse de la evidencia!

2. Esoterismo y exoterismo

BB – La etimología, como señala en particular Jean Borella, también es instructiva.

ALF – De hecho, el adjetivo griego *esôterikos* da tres indicaciones. *Esô* significa «dentro» con una idea de movimiento: «hacia dentro»; *ter* (de *teros*) indica una semejanza: «más hacia dentro (que)»; y la terminación *ikos* especifica el matiz de especificidad: «lo que tiene la particularidad de ir cada vez más hacia dentro (que)». La palabra implica así tres aspectos clave: la noción de «hacia dentro» o de profundización, que se encuentra también en su equivalente árabe *batin* (también «cueva», «matriz»); la noción de movimiento permanente siempre hacia dentro, que rechaza cualquier esoterismo «instalado», fijo, definitivo; y la noción de comparación: es la oposición relativa entre «esoterismo» y «exoterismo».

Eichhorn.

[2]Reportado por Jean-Pierre Laurent en 1992 en Jacques Matter (*Histoire critique du gnosticisme et de son influence*).

[3]*Cf.* Antoine Faivre, *Accès à l'ésotérisme occidental*, París, Gallimard, 1986; en italiano: *L'esoterismo occidentale. Metodi, temi, immagini*, Morcelliana, Brescia 2012.

[4]Robert Amadou (1924-2006) fue un escritor y parapsicólogo francés. Experto en masonería, esoterismo, martinismo y sufismo, contribuyó a difundir el conocimiento de la parapsicología y el ocultismo en Francia.

BB – Oposición relativa, como bien dices; no hay esoterismo sin exoterismo, sin el apoyo de una tradición, y tampoco hay exoterismo absoluto o esoterismo absoluto, puro, despojado de toda forma y liberado de toda revelación (como lo querría Hegel, por ejemplo). Pero dejemos la etimología para una definición más común del esoterismo.

3. Esoterismo verdadero y falso

ALF – A primera vista y en la acepción más común del término, la palabra «esoterismo» hace referencia a un conocimiento oculto, secreto u oculto, accesible sólo a unos pocos. El término, de ascendencia platónica y aristotélica, aludía en realidad a las enseñanzas orales del maestro o a un «material» que sólo podían consultar los alumnos de la Academia. Dos mil quinientos años después, el término ha pasado a referirse a cualquier orientación espiritual, ritual, doctrina o conocimiento secreto reservado a unos pocos elegidos.

De ahí la perturbadora fascinación que ejerce, sobre todo en las mentes menos dotadas culturalmente y más imaginativas, es decir, las que carecen de instrumentos de discernimiento intelectualmente adecuados. Esto explica también el gran éxito de un «esoterismo» vulgarizado o romantizado[5], sobre todo entre los jóvenes, que suelen ser sus usuarios y partidarios más ocasionales, hasta que la edad adulta y la dureza de la vida cotidiana apagan su interés. De hecho, no es erróneo hablar del esoterismo también como un «género literario» comparable a la ciencia ficción o a la llamada «literatura de evasión», cuyo principal objetivo es el entretenimiento y la diversión. La literatura esotérica también satisface los gustos de cierta clase de lectores a los que les atrae lo sensacional y todo lo que se sale de lo común. Como observó un amigo mío muy versado en estos temas, este tipo de literatura no es a menudo más que un fascinante «patio de recreo para la mente»[6].

---

[5]En este caso, las comillas subrayan que se trata siempre de falsificaciones o, como diría Guénon, de «pseudoesoterismos».

[6]La definición es del investigador y erudito turinés Dario Chioli (1956), que

Por supuesto, esto no significa que haya que desecharla; ni mucho menos. Porque existe la fantasía y el fantasear, pero también existe la imaginación creadora o creativa, es decir, esa imaginación activa a través de la cual el hombre también puede captar las realidades espirituales. Quizá hablemos más de esto más adelante, pero mientras tanto empecemos a tomar posesión de este concepto que es, diría yo, una clave fundamental para comprender el esoterismo auténtico, es decir, el esoterismo tradicional, el que tiene una base espiritual auténtica y una historia que hay que tomarse muy en serio.

BB – Leyendo a Antoine Faivre, que incluye el gnosticismo, la teología, el espiritismo y la gnosis dentro del esoterismo, me parece esencial distinguir, como haces tú, el esoterismo auténtico de los demás, pero sigue siendo necesario precisar qué se entiende por «esoterismo auténtico».

ALF – Para ayudarnos con una comparación, diría que el esoterismo «auténtico» es similar a las llamadas «ciencias duras» (en inglés *hard science*) que requieren rigor, estudio y esfuerzo para comprenderlas y luego aplicarlas, mientras que el esoterismo «falso» o meramente literario o superficial es como las «ciencias *blandas*», que no requieren ni preparación adecuada ni esfuerzo de comprensión, ni mucho menos demostración empírica para ser apropiadas y adquiridas permanentemente, estando basadas en elementos inciertos, conjeturas y a veces incluso fantasía. Algunos eruditos eclesiásticos han hablado con razón de «gnosis pura» para el esoterismo del primer tipo y de «gnosis espuria» para el esoterismo del segundo tipo. Espuria significa falsificada, falseada, falsa.

BB – Sin embargo, no debemos confundir esoterismo con gnosis.

ALF – Por supuesto. Personalmente, no confundiría la gnosis (la luna) con el esoterismo (el dedo que señala la luna). Pero aparte de esta necesaria aclaración, creo que el prejuicio eclesiástico contra un cierto pseudoesoterismo tiene algo de fundamento[7]. Porque de

---

me honra con su amistad y a quien considero un gran experto en la materia.

[7] «Pseudo» indica aquí un parecido premeditado y engañoso con el verdadero esoterismo. Más adelante se utiliza el adjetivo «espurio» con un significado similar.

hecho ha existido un falso esoterismo que en muchos aspectos se parece y está emparentado con el gnosticismo en sentido estricto, es decir, con el que floreció y se desarrolló en Alejandría y Roma y cuyas doctrinas son incompatibles con las doctrinas propuestas por la Iglesia de Roma y las primerísimas comunidades cristianas. Se trata de un asunto muy intrincado que requeriría innumerables aclaraciones y estudios en profundidad que no puedo realizar aquí ni siquiera brevemente. Sin embargo, aprovecho esta ocasión sólo para decir que el esoterismo que la Iglesia considera falso —y estoy de acuerdo con ella— es sobre todo el que contrasta fuertemente con su «ortodoxia» y su «ortopraxis».

BB – ¿Podemos dar otros ejemplos de falso esoterismo o pseudoesoterismo?

ALF – Nos bastaría con señalar a todos aquellos que proponen una visión *exclusiva de* la realidad, es decir, una visión sectaria y por tanto herética[8] , en abierta contraposición a otras visiones o perspectivas. En este sentido, podríamos llegar a decir que incluso el cientificismo en sus teorías y métodos es una forma de «esoterismo espurio» en la medida en que llega a atribuir a las ciencias físicas y experimentales la capacidad de satisfacer todos los problemas y necesidades del hombre, incluso los espirituales. Pero los esoterismos espurios son también los que, como decimos en Italia, «hacen de todo un fardo», es decir, los que agrupan indiscriminadamente las doctrinas y creencias más dispares sin distinción alguna.

BB – ¿Un ejemplo?

ALF – Pienso, por ejemplo, en la *New Age*, es decir, *en* esa orientación sincretista que ha tenido su mayor centro de propagación en los Estados Unidos, en la que doctrinas, fórmulas espirituales y disciplinas psicofísicas convergen sin solución de continuidad y en una especie de insípido *bric-à-brac*, prácticas terapéuticas y disciplinas psicofísicas que resultan en comportamientos y actitudes espirituales sólo de nombre, pero que acaban siendo, en el mejor de los casos, formas de eudemonismo y exotismo y, en el peor, formas

---

[8] «Herejía» deriva del griego αἵρεσις, *hairesis* derivada a su vez del verbo αἱρέω *hairèō*, «agarro», «tomo» pero también «escoger» o «elegir».

de disociación y alienación de la realidad.

Una vez hechas estas necesarias distinciones y distanciados de todo lo que el esoterismo auténtico no es o no debe ser, podemos empezar a delinear un significado más preciso y definido, quedando entendido que, en mi opinión, no puede darse una definición absoluta y científica en sentido estricto.

4. Esoterismos y esoterología

BB – Pero entonces, en su opinión, ¿es legítima la esoterología científica?

ALF – Sí, por supuesto. Un estudio histórico-crítico del esoterismo en todas sus formas es ciertamente legítimo. Considero que la existencia de estudios serios y rigurosos sobre el tema sólo puede ser bienvenida. Sin embargo, existe el riesgo de que estos estudios se impongan y de que el significado espiritual acabe siendo descuidado y finalmente olvidado. La Historia —como historicismo y sentido histórico— no es sólo un logro del espíritu ilustrado, sino que, como nos recordaba Nietzsche, puede convertirse en una «fiebre devoradora» y llevarnos a la ruina. Archivar y cribar el esoterismo en todas sus formas significa desvirtuarlo, empobrecerlo, reducirlo a una reliquia exótica y museística y, por tanto, a algo muy distinto de lo que realmente es. Por eso pienso que un buen esoterólogo[9] debe ser también un buen esoterista, del mismo modo que un buen teólogo debe ser también un buen creyente. Porque sin una relación viva con la disciplina estudiada, no puede haber verdadera adquisición ni logro, ni siquiera retorno. Luego, por supuesto, el que se detiene en los límites de lo demostrable (el esoterista) errará menos que el que no se detiene ahí (el esoterista), pero el que no se detiene ahí (el esoterista) tendrá más posibilidades de ir más allá. E «ir más allá», creo yo, es la esencia misma del esoterismo, su oficio y su verdadera finalidad.

---

[9]Encontramos este neologismo en Émile Poulat, en la Introducción a Jean-Pierre Brach & Jérôme Rousse-Lacordaire, (eds.), *Études d'histoire de l'ésotérisme. Mélanges offerts à Jean-Pierre Laurant pour son soixante-dixième anniversaire*, París, Éditions du Cerf, 2007, p. 8.

5.   Esoterólogos y esoteristas

BB – Llegados a este punto, tal vez sería útil proporcionar a los lectores algunas indicaciones bibliográficas. ¿Puede sugerirnos algunos textos adecuados?

ALF – Con mucho gusto. Yo sugeriría a los lectores al menos seis títulos, tres de esoterólogos acreditados y tres de esoteristas igualmente acreditados. Como para decir que siempre hay que intentar encontrar un equilibrio entre Ciencia y Fe para no caer en el cientificismo o, por el contrario, en el fideísmo. Así que en un platillo de la balanza pondría el ya clásico *¿Qué es esoterismo?* de Pierre A. Riffard, *L'esoterismo* de Jean-Pierre Laurant y *L'esoterismo* de Antoine Faivre; y en el otro, como contrapeso, *L'esoterismo* de Luc Benoist, *La fin de l'ésotérisme* de Raymond Abellio[10] y *El esoterismo como principio y vía*[11] de Frithjof Schuon. Es cierto que no se trata de textos de lectura fácil y sencilla, pero en conjunto ofrecen una visión de conjunto bastante amplia y, yo diría, seria del tema, evidentemente cuando ya se sabe algo al respecto. Y, al fin y al cabo, el objetivo de nuestra conversación es precisamente ofrecer a los interesados una introducción sencilla que facilite el estudio posterior y en profundidad.

BB – Siguiendo con el tema de «esoterismo y ciencia», no sólo está el enfoque de un esoterismo concreto, que puede ir desde un enfoque histórico-crítico estrictamente científico hasta el panegírico o la apología más celosa y propagandista, sino también el hecho de que tanto «esoterismo» como «ciencia» hacen referencia a la noción de conocimiento. ¿Cómo le gustaría caracterizar cada uno de estos saberes?

---

[10]El autor está preparando una traducción al italiano de este libro.
[11]**N.d.E:** véase Olañeta, Palma de Mallorca, (2005).

6.   Esoterismo y conocimiento

ALF – Gracias Bruno, me parece una pregunta decisiva que no se puede eludir de ninguna manera. De hecho hablé del cientificismo como una forma de pseudoesoterismo no por casualidad. Pero si existe una relación entre el falso esoterismo y el cientificismo, es decir, entre una falsa vía y una falsa ciencia, está claro que también debe haberla entre una verdadera ciencia y un verdadero esoterismo.

BB – ¿Cuál?

ALF – Como bien dices ambos se refieren a la noción de conocimiento. Conocimiento humano en el caso de la Ciencia, conocimiento espiritual o divino en el caso del esoterismo. El término conocimiento, que deriva del latín «cognoscere»[12], puede adoptar diferentes significados según el contexto de referencia, pero de alguna manera tiene que ver con el concepto de información. Sin embargo, no se puede ni se debe confundir conocimiento con semántica. Digamos que el conocimiento presupone alguna forma de identificación con el objeto conocido, que en el caso de la información debe excluirse.

BB – Pero entonces, ¿hasta qué punto la Ciencia posee conocimiento o aspira a él?

ALF – Podríamos responder en la medida en que consigue —*quodammodo* diría Santo Tomás de Aquino, es decir, «en cierto modo»— hacer coincidir las adquisiciones conceptuales con las verificaciones empíricas. También aquí el asunto requeriría muchísimas páginas de explicación que no podemos permitirnos aquí, pero sobre las que existen tratados enteros. La distinción que hicimos al principio, que responde a la pregunta: ¿cuándo se tiene verdadero conocimiento? La respuesta es que se tiene verdadero conocimiento cuando el sujeto y el objeto conocido se identifican.

BB – De acuerdo. Pero también cabe preguntarse si esta identificación significa entonces que el sujeto se anula a sí mismo en el objeto

---

[12]Derivado de *cum*, «con», y *gnoscere*, «conocer, saber», este último de una raíz indoeuropea relacionada con el griego antiguo γιγνώσκω (gignosko). La adición del «con» indica que un «saber» es apropiado, interiorizado, mientras que un simple «conocer» sigue siendo externo.

o que el objeto se anula a sí mismo en el sujeto.

ALF – También sobre esto podríamos recurrir a las numerosas respuestas que nos han llegado de la filosofía y de las doctrinas de las diversas tradiciones religiosas del mundo cuando han producido especulaciones de carácter teórico. El esoterismo, sin embargo, no es una gnoseología ni una filosofía, por lo que podríamos decir que no está interesado en una respuesta teórica que, por tanto, queda siempre en un segundo plano. Al esoterismo no le interesa, como a la Ciencia, conocer los objetos particulares, sino el objeto absoluto, es decir, la raíz y la fuente de todos los objetos. Por tanto no lo particular, sino lo universal. Este es su principal objetivo. Y no sólo eso. El esoterismo no persigue el conocimiento a través de la mente o de la razón discursiva y con la ayuda de medios y métodos apropiados, sino a través de «la luz del intelecto» (Dante), es decir, a través de esa facultad que preside pero también trasciende las facultades mentales y los procesos cognoscitivos mismos. Para el esoterismo, no son el pensar y el pensamiento los que deben asemejarse (una sugerencia platónica mal entendida), sino que ambos deben trascenderse en lo divino. En conclusión, y si estás de acuerdo Bruno, podríamos simplificar aún más diciendo que el esoterismo tiene como objetivo la trascendencia y la Ciencia tiene como objetivo la inmanencia.

BB – Este es un buen punto de partida para nuestra próxima entrevista sobre «esoterismo y religión».

ESOTERISMO Y CIENCIA

II

Esoterismo y religión

Un especialista tan importante como Antoine Faivre parece unir todos los esoterismos bajo una misma bandera, ya sea la teología, el gnosticismo herético o el esoterismo religioso. ¿Cuál es entonces la relación entre esoterismo y religión?

BB – Según las agrupaciones realizadas por los especialistas, encontramos como esoterismos tanto las teologías —dentro de las religiones— como los planteamientos extraconfesionales. ¿Cómo definirías los vínculos entre esoterismo y religión?

1. Esoterismo: ¿teoría o camino?

ALF – Entiendo perfectamente la necesidad analítica de la ciencia con sus distinciones y categorizaciones, pero este enfoque no funciona para el esoterismo si aceptamos el hecho de que es un Camino y no una teoría, un sistema de ideas o una doctrina. Las teorías y las doctrinas pueden ser un punto de partida, pero no son la Vía. Por no hablar de que no se trata de una única Vía. Por lo tanto, al hablar de esoterismo hay que evitar meterlo todo bajo el mismo epígrafe o denominación. Los que lo hacen, en mi opinión, no aportan clarificación, sino que traicionan una intención.
BB – ¿Cuál?

ALF – La de convertir una cuestión espiritual en una teoría o idea supeditada al propio punto de vista, es decir, en un sistema cerrado con un resultado obligatorio. Sólo para tener que reconsiderarlo y verse obligado a reformularlo todo de nuevo. A veces uno se enamora tanto de su propia idea que es imposible prescindir de ella y esto en detrimento de la verdad. Esta tendencia a explicarlo todo y a encajonarlo todo debe evitarse cuando se trata de esoterismo.

BB – ¿Puede darnos ejemplos?

ALF – Por supuesto. Me refiero a la tendencia totalmente moderna a encapsular lo que no entendemos en elaboradas categorías conceptuales (sobre todo históricas, sociológicas, psicológicas) que en realidad no sólo no explican nada, sino que a veces incluso caen en lo grotesco. Pensemos en *El péndulo de Foucault,* de Umberto Eco. Es una novela, de acuerdo, pero hay una intención burlona y desmitificadora hacia el esoterismo confundido, entre otras cosas, con las modernas «teorías de la conspiración». Por supuesto, Eco distinguía muy bien entre el verdadero esoterismo y el falso (en este sentido era un experto), y también es probable que su libro pretendiera precisamente ayudarnos a distinguir uno de otro, pero la impresión que uno se lleva después de leerlo es bien distinta. Uno cierra la última página del libro pensando «¡entonces todo es una broma!»[13].

BB – ¿Otros ejemplos?

ALF – Es el caso de Antoine Favre (1941-2021), que también tiene un gran mérito en lo que respecta al esoterismo «histórico». Entre otras cosas, en cierto modo, él mismo era un «esoterista», un esoterista cristiano y un francmasón: pertenecía a la *Grande Loge Nationale Français.* Pues bien, en sus estudios, Faivre dio al esoterismo una interpretación unívoca adhiriéndose a algunos esquemas y criticando otros. Por ejemplo, son conocidas sus críticas a René Guénon o sus simpatías por el esoterista estonio-ruso Valentin Tomberg (1900-

---

[13]Tanto Eco (1932-2016) como Furio Jesi (1941-1980) siempre han rechazado públicamente de plano el esoterismo, por considerarlo fantasioso y carente de carácter científico, y sin embargo ambos se han sentido fascinados por él, dando la impresión de «me gustaría, pero no puedo».

1973). Meter en el mismo saco todas las formas de esoterismo es un error. Ocultismo, esoterismo y magia, por suerte, no son lo mismo y es un profundo error asociarlos.

BB – Entiendo lo que quiere decir. Pero volviendo a la pregunta original: ¿cómo definiría los vínculos entre esoterismo y religión?

2. ¿Vía esotérica o vía religiosa?

ALF – (Risas) Pido disculpas, he divagado un poco, pero al final verá que todo encaja. En el sentido de que, por un lado, me gustaría subrayar una cierta discontinuidad, como deberían hacer también los historiadores y los sociólogos, y, por otro, destacar también los elementos comunes, como hacen los espiritualistas.

Ahora bien, es cierto que entre la religión y el esoterismo debe haber una diferencia y una distancia: la religión es para todos, mientras que el esoterismo es para unos pocos. De esto no cabe duda. Pero la cuestión es saber si es posible pasar de una a otra o si las dos vías pueden converger o incluso superponerse. Según el más grande esoterista del siglo XX, René Guénon (1886-1951), a quien, como usted sabe, tengo en gran estima, el exoterismo (religión) y el esoterismo (tradición primordial) son dos vías complementarias pero sustancialmente diferentes. Además, siempre según Nuestro Señor, no hay que considerar el esoterismo como la parte «interior» de la religión, aunque es cierto que el esoterismo desarrolla y completa lo que la religión expone quizá de forma vaga o simplificada.

BB – ¿Y crees que Guénon tiene razón?

ALF – En parte, sí. Digo en parte porque este discurso puede aplicarse realmente a algunas religiones. Pienso en particular en el islam y el judaísmo, pero en sentido absoluto sólo a éstas (volveremos sobre ello cuando abordemos el discurso sobre los diversos esoterismos en las diferentes religiones). Ciertamente no al cristianismo, que de hecho no parece haber contemplado esta distinción, aunque de hecho no todos los estudiosos están de acuerdo. Como usted sabe muy bien, hay autores fiables que creen que ha habido un esoterismo cristiano[14] y otros igualmente serios que afirman exactamente lo contrario. Y aún hay otros que adoptan una posición intermedia.

BB – Volveremos sobre ello más adelante, cuando abordemos el tema del esoterismo cristiano. Ahora volveré sobre la relación entre religión y esoterismo.

ALF – Sí, por supuesto. Para entender el tipo de relación que puede haber entre religión y esoterismo, primero deberíamos intentar comprender qué es la religión. La religión presupone la fe (lo que creo), mientras que el esoterismo implica el conocimiento (lo que hay que saber y lo que está oculto). Pero ésta es sólo una forma superficial de ver las cosas, porque en realidad la verdadera fe no es la creencia y el conocimiento no es, simplemente, lo que uno sabe.

BB – Sí, creo que es muy importante recordarlo y es un malentendido en el que han tropezado incluso las llamadas «ciencias religiosas». Pienso, por ejemplo, en la famosa *Historia de las creencias y las ideas religiosas*[15] de Mircea Eliade. Un lenguaje que delata una matriz ilustrada.

ALF – Totalmente de acuerdo. «Más que nunca, todo parece simple y brillante, quizá demasiado simple y demasiado brillante», se ha dicho desde la publicación del primer volumen[16]. Yo añadiría que incluso si los cristianos razonaran en estos términos, se encontrarían admitiendo que su fe no es más que un sinsentido. Es el mal entendido «credo quia absurdum» («creo porque es absurdo»[17]) de Tertuliano utilizado en sentido polémico contra los docetistas para luego decir exactamente lo contrario, a saber, que la fe de los apóstoles no era

---

[14]Interesantes y dignos de mención son los recientes estudios de Igino d'Antonio: *L'esoterismo templare* (Ediciones Irfan, 2022) y *Pietro, Giacomo e Giovanni* (Ediciones Irfan, 2023).

[15]**N.d.E.**: Paidós, Barcelona, 2010 (III volúmenes).

[16]Jean-Paul Roux, «M. Eliade. Histoire des croyances et des idées religieuses», t. I. *en Revue de l'histoire des religions*, tomo 193, n°2, 1978. pp. 226-227.

[17]*Credibile est quia ineptum est. Et sepultus resurrexit; certum est quia impossibile (Hay* que creer porque no tiene sentido. Y que, sepultado, fue resucitado es cierto, porque es imposible); Apócrifos, *De Carne Christi*, 5, 5 (traducido por J.-P. Mahé, *La chair du Christ*. París: Cerf, 1975).

en absoluto un absurdo, sino algo fundado en hechos muy concretos y reales de los que habían sido testigos. Un argumento similar podría hacerse para el esoterismo. Porque si el esoterismo fuera sólo conocimiento, entonces se podría aprender del mismo modo que se aprende cualquier disciplina escolar o universitaria.

BB – Me parece que insistes mucho en que el esoterismo no es un conocimiento, sino un Camino.

ALF – ¡Por supuesto! Pero la religión también es un Camino, un Camino que requiere fe. ¿Y qué es la fe? ¿La convicción absoluta en la verdad y el acierto de un supuesto? También, pero yo diría que secundariamente y como consecuencia. En efecto, la fe presupone la gracia. En los Evangelios, y si no me equivoco en los Hechos de los Apóstoles, se dice claramente que la fe en Cristo es uno de los efectos de la gracia de Dios, su don[18]. Así que se cree como consecuencia de un hecho espiritual. Del mismo modo, yo diría que en la base del esoterismo también hay, por así decirlo, un hecho espiritual. Tal vez el «hecho espiritual» sea el mismo, pero las personas que lo experimentan o lo reciben son *diferentes*.

BB – ¿Qué quiere decir con «diferente»?

ALF – Quiero decir con otro talante y vocación. Por lo tanto, no hay que hacer del esoterismo una cuestión de superioridad o peor aún de aspirar a la superioridad. En mi opinión no hay hombres privilegiados en este sentido. Los privilegios pertenecen simplemente a las condiciones favorables en que una persona puede encontrarse viviendo. Todos somos mendigos. Están los sabios y están los tontos. Pero la situación siempre puede invertirse y esto demuestra que partimos de una base común.

---

[18] «Entonces, como quería ir a Acaya, los hermanos lo animaron y escribieron a los discípulos para que lo recibieran. Cuando llegó allí, fue de gran ayuda a los que habían creído por la gracia de Dios, pues con gran vigor refutaba públicamente a los judíos, demostrando con las Escrituras que Jesús es el Cristo». (*Hechos* 18:27)

3. Esoterismo y gracia

BB – Dices que donde unos se benefician de la gracia de una Revelación y se adhieren a una confesión religiosa, otros se benefician de una gracia de otro orden. ¿Se sumergirán estos últimos en el esoterismo?

ALF – En realidad, no sabemos con precisión si se trata de una gracia «de otro orden» o de una gracia especial (lo que los teólogos llaman «gracia santificante») o si es la misma gracia pero con resultados-efectos diferentes debido a los distintos méritos de quienes la reciben. Los latinos decían «cuique suum», «a cada uno lo suyo»[19] y en el Antiguo Testamento se habla de los que han «hallado gracia ante Dios»: Noé, Moisés, David, etc[20]. Pero seamos claros, en la «gracia», tal como la entiende el cristianismo, no hay automatismo: algunos hombres parecen ser favorecidos por ella, mientras que otros no lo son. Sin embargo, aquí entramos en una dinámica verdaderamente misteriosa sobre la que se puede decir muy poco.

BB – Usted ha hablado de «gracia santificante». ¿Es acaso la que se concede a los que tienen vocación esotérica?

ALF – El discurso sobre la Gracia desde el punto de vista teológico es, como sabes, muy complejo. Se han escrito miles de páginas sobre el tema y no podemos resolverlo con unas pocas palabras. Entre otras cosas, me gustaría evitar aventurar hipótesis o hacer decir al Magisterio cosas que el Magisterio o nunca ha dicho o nunca diría.

4. Lenguaje esotérico y lenguaje religioso

BB – Me parece acertado, pero ya que estamos hablando de la relación entre religión y esoterismo, quizás también se puedan establecer algunos paralelismos, quizás sólo para aclarar los términos de la pregunta.

---

[19]Derivado de «suum cuique tribuere» de la legislación romana, que significa «dar a cada uno lo suyo, lo que le corresponde».

[20]Noé, Génesis 6,8; Moisés, Éxodo 33,12-17; David, 2 Samuel 15,25.

ALF – Es posible. Por tanto, hay que empezar diciendo que el esoterismo habla un lenguaje diferente al de la religión. No sé si existe o no en francés un texto que recoja la terminología esotérica. Si no existe, creo que debería escribirse y presentar una recopilación de los conceptos más importantes del esoterismo.

BB – Recientemente, desde 2013, existe de hecho un extenso diccionario en francés que abarca esoterismos desde los aborígenes de Australia hasta la antigua Escandinavia, desde los celtas hasta el Egipto faraónico, desde el cristianismo primitivo hasta la Mesopotamia cuneiforme, desde Mesoamérica hasta el judaísmo, desde el islam hasta la India...[21]

ALF – En Italia, una obra de este tipo fue esbozada por el hermetista cristiano Paolo Virio (nacido Paolo Marchetti, 1910-1969), bajo el título *Lessico esoterico comparativo*[22], hoy inencontrable. Pero no era más que un primer borrador fragmentario, nada que pudiera compararse con un verdadero diccionario.

BB – ¿Y para qué serviría un diccionario así?

ALF – Sin duda, evitar los muchos malentendidos que surgen cuando se habla de esoterismo. Unas definiciones precisas y consensuadas —en la medida de lo posible— podrían haber evitado muchas falsas interpretaciones y malentendidos incluso entre los estudiosos más eruditos. La utilidad de una obra así, por poner un ejemplo, fue reconocida y aclamada por muchos lectores de *El péndulo de Foucault* de Eco, y pocos años después de su éxito editorial alguien llegó a escribirla[23]. Pero un trabajo así, bien hecho, requeriría mucha experiencia, quizá demasiada, por lo que sospecho que tendremos que esperar varios años antes de verlo. Es posible que lo escriba la IA, ¡quién sabe! (¡risas!).

---

[21] Jean Servier (dir), *Dictionnaire de l'ésotérisme*, París: PUF, 2013, pp. 1464.
[22] Edizioni Sophia, Roma 1971.
[23] *Diccionario del Péndulo de Foucault*. Editado por Luciano Turrini. Bauco Luigi, Millocca Francesco. Editorial: Gabriele Corbo Editore, Ferrara, 1989.

5. Gracia y transmisión iniciática

BB – ¿Qué tal un ejemplo comparativo entre lenguaje religioso y lenguaje esotérico? Te ayudo quedándome en un tema que planteamos antes: ¿crees que hay algún concepto esotérico que se pueda equiparar al concepto de «gracia»?

ALF – Por analogía, yo diría que la transmisión iniciática propiamente dicha, es decir, la transmisión de la influencia espiritual que, en palabras de Guénon, «permite al individuo ordenar y desarrollar las posibilidades que trae consigo»[24].

BB – Pero ésta es transmitida por una cadena iniciática y por hombres designados para esta tarea, mientras que en el cristianismo, la gracia es un don concedido libremente por Dios e infundido en el alma del hombre por el Espíritu Santo. ¿Cómo puede haber una relación de semejanza?

ALF – Es en la mediación humana como en el caso de los siete sacramentos que son impartidos por mediadores humanos. En estos casos, se habla de «gracia sacramental». Los modos de transmisión cambian y los «operadores» son diferentes: hombres consagrados en el caso de la religión; maestros espirituales en el caso del esoterismo.

BB – Por supuesto, y del mismo modo, la tradición de la Iglesia y los Evangelios (según Mateo, Marcos, Lucas o Juan) son efectivamente mediaciones humanas, pero la gracia de la fe permanece sin intermediarios, ¿no?

ALF – Precisamente, la fe como «gracia interior» y en su sobrenaturalidad no tiene intermediarios —salvo, claro está, en las iniciaciones sacramentales— y ciertamente un esoterista, independientemente de la iniciación recibida de un maestro espiritual, también debe poseerla. Es más, yo añadiría que en esta última circunstancia la gracia de la fe debe ser sobreabundante.

BB – ¿Algo más que decir sobre la distinción entre religión y esoterismo?

---

[24]En *Aperçus sur l'Initiation*, París, Éditions Traditionnelles, 1946, p. 22.

6.   Esoterismo religioso y religión esotérica

ALF – En general, yo diría que todo lo que tiene carácter religioso forma parte de alguna manera del esoterismo, y de la misma manera todo lo que tiene carácter esotérico forma parte de la religión. Al fin y al cabo, de lo que estamos hablando es de la relación del hombre con lo Sagrado, con Dios o con lo trascendente. Solo que en el caso de la religión es una relación de fidelidad, de dedicación, de adoración y veneración, mientras que en el caso del esoterismo es algo aun mas íntimo y yo diría más profundo que tiene que ver con el desarrollo potencial de todas las posibilidades latentes en el hombre. Posibilidades y potencialidades a la vez físicas, psíquicas y espirituales. La religión no las excluye (pienso, por ejemplo, en el cumplimiento de las llamadas «virtudes de perfección» o virtudes cardinales que también tienen que ver con la disciplina del cuerpo y de la mente), pero las recomienda como *habitus*, *ad extra*, mientras que el esoterismo, por así decirlo, las imparte, es decir, las lleva a su cumplimiento desde dentro, *ab intra*.

BB – ¿Quiere decir que en la religión uno se expresa en términos de exterioridad, mientras que en el caso del esoterismo en términos de interioridad?

ALF – Pues sí, en cierto sentido es verdad y yo diría que hasta evidente. De lo contrario no se hablaría de «moral de la obediencia», «moral sexual» o «moral de las virtudes» y los cristianos no confundirían la perfección cristiana con la moralina o la moral de siervos y esclavos, como la interpretó Nietzsche. Estas confusiones y simplificaciones deformantes no se encuentran en el esoterismo, que en muchos aspectos es más riguroso incluso en su lenguaje.

BB – Todavía estamos hablando de esoterismo real, ¿verdad?

ALF – ¡Por supuesto! La «falsificación» desde el punto de vista del lenguaje es muy confusa.

BB – ¿Cómo concluirías esta parte dedicada a la relación entre religión y esoterismo?

ALF – Concluiría diciendo que la religión y el esoterismo no sólo son interdependientes, complementarios y necesarios el uno para el otro, sino que de hecho no pueden existir por separado. Y añadiría que sus fines son diferentes, pero que el objetivo es unitario. La meta, en mi opinión, sólo puede ser la misma aunque los caminos para alcanzarla sean distintos para cada uno de nosotros y aunque nuestras aspiraciones y posibilidades individuales sean tan diferentes. Puede que un esoterista piense que el Paraíso «sigue siendo una cárcel» (como decían algunos sufíes) y un hombre de fe que es una meta demasiado ambiciosa, pero al final ninguno de los dos conoce el resultado del viaje, que es trascendente y por tanto está más allá de ideas y convicciones personales de ningún tipo. Aquí me limitaría a recordar la máxima evangélica: «bienaventurados los últimos, porque serán los primeros»[25]. Lo que, entre otras cosas, significa también que en el más allá las jerarquías se invierten[26].

BB – Entonces, ¿podríamos decir que en la otra vida los simples hombres de fe podrían tener un destino mejor o más elevado que los miembros de organizaciones iniciáticas?

ALF – Sin duda es posible, pero por supuesto no puedo afirmarlo con certeza. Sin embargo, me gustaría hacer una sugerencia a los que tienen aspiraciones esotéricas, y es que no se entretengan demasiado con ideas de «campeones del mundo». Es mejor, mucho mejor, utilizando de nuevo una metáfora futbolística, pasar desapercibidos, tal vez como últimos en la tabla de clasificación.

---

[25]Mateo, 20, 1. Esta «inversión» o volteo de jerarquías, pero en sentido negativo, es anunciada y predicha para el «fin de los tiempos» por un grupo de textos sagrados hindúes llamados *Purana* (lit. «[historias] antiguas»).

[26]Véase Bruno Bérard, Aldo La Fata, *Paroles chrétiennes, contresens et vérités*, de próxima publicación en Francia y Estados Unidos.

III

Biografía esotérica

*El interés por los esoterismos no debe ser una mera cu-
riosidad intelectual. «Conocimiento transformador», los
esoterismos implican un proceso personal enraizado en la
vida de quien los busca. Podemos decir entonces parafraseando a Heidegger: «toda pregunta esotérica implica al
esoterista que la formula». Era pues necesario interrogar
a Aldo La Fata sobre el origen personal e íntimo de su
interés por estos temas.*

BB – ¿Su interés por el esoterismo ha estado siempre arraigado en
su vida? ¿Puede hablarnos de ello?

ALF – Normalmente no me gusta hablar mucho de mí mismo, pero
si sirve al propósito que perseguimos con este libro, haré un pequeño
esfuerzo.

BB – Gracias Aldo, también en nombre de los lectores que ojalá
lean este libro. ¿Te gustaría empezar situando este interés suyo en
el tiempo? ¿De cuándo data?

1. Julius Evola

ALF – Como ya tengo sesenta años, el recuerdo de aquel momento
se ha perdido en la noche de los tiempos. (risas).

Debo mi descubrimiento del esoterismo a unos libros de Julius Evola (1898-1974) que había en la biblioteca de mi padre. Yo tenía unos 12 años, y recuerdo que los libros de Evola me impactaron no sólo por su contenido —insólito y poco común, por no decir otra cosa—, sino también por el estilo de escritura, que me pareció realmente atractivo. Piensa que después de leer *Síntesis de la doctrina de la raza* y *El mito de la sangre,* probablemente sin entenderlos realmente, le dije a mi padre que este autor me parecía más inteligente y profundo que Jesús. (risas)

BB – Me imagino la consternación de tu padre.

2. *Un padre dirigente de* Acción Católica *y terciario franciscano*

ALF – ¡Te lo imaginas bien! (risas). Estaba tan desconcertado que a partir de ese momento empezó a regalarme libros de catequesis cristiana y teología. Tienes que saber que mi padre era dirigente de *Acción Católica*[27] y terciario franciscano, por lo que también estaba muy comprometido en casa con dar a sus hijos una educación religiosa lo más cristiana posible. También había hecho un buen trabajo conmigo y, de hecho, siempre estuve bien arraigado en el cristianismo. Sin embargo, Evola amplió mucho mis horizontes y me ayudó a considerar mi religión de forma inconformista y a respetar las demás como la mía.

BB – ¿Y cuándo entra en juego el esoterismo?

---

[27]Los orígenes de la *Acción Católica se remontan* a septiembre de 1867, cuando dos jóvenes universitarios italianos, Mario Fani y Giovanni Acquaderni, fundaron en Bolonia la *Società della Gioventù Cattolica Italiana* (Sociedad de la Juventud Católica Italiana). cuyos principios fundamentales eran la obediencia al Papa; un proyecto educativo basado en el estudio de la religión; vivir la vida según los principios del cristianismo y un amplio compromiso de caridad hacia los más débiles y pobres.

3.   René Guénon

ALF – En realidad, el esoterismo entró en juego, en los años setenta, a través de la obra de René Guénon, a quien siempre acudí gracias a Evola, que lo citaba con regularidad y siempre con reverencia, como si fuera alguien que supiera y entendiera más que él.

BB – ¿Cuál fue el primer libro de Guénon que leyó?

ALF – *Los Símbolos de la Ciencia Sagrada* que salió en italiano en 1975 y que compré cuando tenía 16 años. Fue un verdadero impacto. Recuerdo dos noches sin dormir para terminar de leerlo.

BB – ¿Qué le llamó especialmente la atención?

ALF – La multiplicidad de significados contenidos en un símbolo y la conexión entre los símbolos de todas las religiones. Esto reforzó en mí la idea de un plan y un diseño divinos unificados y universales.

BB – ¿Y el esoterismo?

ALF – Aquí, antes de plantearme el problema de las «organizaciones esotéricas», se me impuso la idea del esoterismo como aglutinante de todas las tradiciones. Leyendo otras obras de Guénon, que terminé quizá cuando tenía 22 o 23 años, me hice a la idea del esoterismo como algo absolutamente distinto de la religión pero inseparablemente ligado a ella. En resumen, me adherí, al menos intelectualmente, a la exégesis guenoniana que me pareció lógica y persuasiva.

BB – ¿Y qué consecuencias sacaría de ello?

4.   Entornos esotéricos romanos

ALF – En primer lugar, la necesidad de recibir una iniciación «regular». Empecé a frecuentar algunos círculos «esotéricos» romanos (neotemplarios y «rosacruces» en particular), hasta que me topé con un personaje singular al que apodaban «el Doctor»[28]. Era un hombre muy culto y un erudito en parapsicología al que la Iglesia había

---

[28]Este apelativo también se dio al fundador de la Antroposofía Rudolf Steiner (1861-1925).

encargado que estudiara a la mística católica María Valtorta[29]. Me fascinaba este hombre, su carácter, la amplitud de sus conocimientos, su elocuencia persuasiva y refinada. Era una especie de Sócrates interesado sólo por la verdad y siempre con una respuesta preparada.

BB – Creo entender que te fascinó....

ALF – Sí, es cierto. Pensé que era el maestro que me daría la ansiada iniciación. Sin embargo, más tarde me dijo que pertenecía a la escuela de Giuliano Kremmerz[30], el conocido esoterista y hermetista italiano, y debo decir que esta noticia despertó en mí no pocas perplejidades, sobre todo porque este autor tenía fama de mago, mientras que yo ya había consolidado en mí la idea de un esoterismo estrechamente ligado a la religión.

BB – ¿Y cómo terminó?

ALF – Al final, tras una serie de vicisitudes, algunas bastante desagradables de recordar, me distancié de este señor. Pero seamos claros: lo que aprendí de él y lo que me aportó también en el plano humano, nunca lo he olvidado y sin duda desempeñó un papel central en mi vida, para bien o para mal. Para bien porque me ayudó a conocerme mejor en todos los sentidos; para mal porque durante un tiempo me distanció de mi familia y afectó negativamente a todas mis relaciones humanas.

BB – Así que, al final, tu experiencia del esoterismo no fue tan positiva.

ALF – De falso esoterismo o pseudoesoterismo, porque el real es otra cosa muy distinta. Diría que esa experiencia me hizo cerrar bastante pronto cualquier tipo de relación con ciertos círculos, por

---

[29]Caserta, 14 de marzo de 1897 - Viareggio, 12 de octubre de 1961. Valtorta dijo haber oído una «voz» que atribuyó a Jesús y que la indujo a escribir como al dictado. Los textos están ahora recogidos en la obra en diez volúmenes *El Evangelio tal como me fue revelado*, ediciones Centro Editoriale Valtortiano, 1979. Posteriormente, estos escritos fueron juzgados erróneamente por la Iglesia y el cardenal Joseph Ratzinger, como prefecto de la Congregación para la Doctrina de la Fe, confirmó en dos ocasiones la opinión negativa del magisterio (1985, 1988).

[30]Nacido Ciro Formisano (Portici, 8 de abril de 1861 - Beausoleil, 7 de mayo de 1930).

citar de nuevo a Guénon, «antitradicionales». Tenía 24 años.

BB – ¿Y qué pasó después?

5. Silvano Panunzio

ALF – Justo cuando el paréntesis «mágico» llegaba a su fin, conocí los libros de un tal Silvano Panunzio[31]. En los círculos evolianos se hablaba de él como de un cualificado y erudito esoterista cristiano. Busqué su número de teléfono (en aquella época no existían los *chats*, las redes sociales ni toda la troupe de cantantes) en la guía telefónica y lo encontré sin dificultad. No dudé en llamarle y debo decir que con su exquisita amabilidad me conquistó de inmediato. Era católico y conocía muy bien la literatura «esotérica». Lo importante es que no se hacía pasar por profesor y era más bien una persona tímida y reservada.

BB – Pero, ¿era simplemente un estudioso de las cosas esotéricas o un verdadero «esoterista»?

ALF – Yo diría que una cosa y la otra juntas. Era un erudito, pero no un sabelotodo. No se sentía superior a los demás, pero era muy resuelto y estaba completamente concentrado en su objetivo.

BB – ¿Y cuál era ese objetivo?

ALF – Yo diría que la búsqueda de Dios o de lo Absoluto. Todas sus energías mentales, intelectuales y espirituales estaban canalizadas en esa dirección.

BB – Sin entrar en el tema del esoterismo cristiano, que trataremos en una entrevista posterior, ¿podría aclarar en qué sentido se puede considerar a Panunzio un «esoterista cristiano»?

---

[31]Nacido en Ferrara el 16 de mayo de 1918 y fallecido en Pescara el 10 de junio de 2010, Panunzio era hijo del conocido filósofo del derecho y teórico del sindicalismo revolucionario Sergio Panunzio. Casi todos sus libros están ya disponibles en Italia en los catálogos de Simmetria (Roma) e Iduna (Milán) y algunos han sido traducidos al francés para Harmattan: *Métaphysique de l'Evangile éternel (2022)* y *Propos sur René Guénon, Julius Evola, Frithjof Schuon et quelques autres. Articles et correspondances* (2023). La biografía editada por Aldo La Fata apareció en 2021 con el título *Silvano Panunzio: Vita e Pensiero* (Solfanelli, Chieti).

ALF – Yo diría que tanto en el sentido genérico de un cristiano estudioso de las doctrinas esotéricas como en el sentido particular de un cristiano impregnado de esas doctrinas. Es decir, hablo de una búsqueda no sólo intelectual sino también espiritual, que incluía simultáneamente el estudio de otras religiones (la búsqueda de los *semina Verbi* = gérmenes del Verbo fuera del cristianismo), la reflexión constante sobre los símbolos universales y la investigación no sólo especulativa de los misterios de la naturaleza y del cosmos.

BB – Pero, que tú sepas, ¿estaba Panunzio afiliado a alguna organización «esotérica» regular?

6. La Alianza Trascendente Arcángel Miguel

ALF – No lo creo, aunque no puedo descartarlo con absoluta certeza. De hecho, nunca me lo confió. Oficialmente era Caballero de la Orden de los Santos Mauricio y Lázaro y junto con otros había creado una hermandad esotérica bajo el nombre de Alianza del Arcángel Miguel Trascendente.

BB – ¿Formabas parte de ella?

ALF – ¡Así es!

BB – ¿Y de qué se trataba exactamente?

ALF – De una especie de nueva orden caballeresca inspirada en los más altos ideales de las antiguas órdenes homónimas de la cristiandad medieval. Para simplificar, digamos que una especie de neotemplarismo, pero sin capa ni espada, sin ceremonial, sin ningún tipo de aparato externo. El acrónimo ATMA retomó deliberadamente la palabra sánscrita «atma», que significa el Ser espiritual y trascendente. El sentido de esta pequeña organización, que nunca contó con más de una docena de adeptos (un número esotéricamente no aleatorio), era ofrecer a los cristianos que buscaban iniciarse en lo esotérico una alternativa válida a las numerosas falsas iniciaciones dadas, sobre todo, por organizaciones ocultistas.

BB – ¿A qué organizaciones en concreto se refiere?

ALF – Al martinismo, a los neorrosacruces, a la antroposofía, pero también a otras realidades menos conocidas que reivindicaban vínculos con la alquimia, el hermetismo cristiano, los verdaderos templarios, etc. etc.

BB – Pero, ¿se daban iniciaciones en la ATMA?

ALF – No, no, ¡por el amor de Dios! (risas) ¡Panunzio era una persona seria! (risas) Los que se adherían al ATMA sólo tenían ciertos deberes que cumplir, el primero de los cuales era permanecer fieles a la Iglesia y a sus enseñanzas. El principal era encarnar, preservar y defender una concepción trascendente y aristocrática de la vida y desarrollar una dimensión sagrada y simbólica en el ámbito del conocimiento.

BB – Entonces, ¿fue principalmente un trabajo de orientación formativa?

ALF – Yo diría que sí. El trabajo de formación era simultáneamente intelectual y moral, doctrinal y espiritual. La pertenencia a la Alianza implicaba la observancia íntima de cinco «disposiciones fundamentales»: oración, laboriosidad, estudio, disciplina y sacrificio.

BB – La oración está muy clara, pero ¿puede dar ejemplos de las otras cuatro disposiciones?

ALF – El trabajo duro consistía básicamente en no quedarse nunca de brazos cruzados, ser dinámico y organizar la vida de tal manera que nunca quedaran demasiados espacios vacíos. En resumen, la vida debía organizarse como la de un monje, alternando el estudio, el trabajo, el deporte y la oración.

BB – ¿Y el tiempo libre?

ALF – Por supuesto, eso también. Y había que llenarlo con la práctica de la sociabilidad, el juego, escuchar música, etc. etc., en fin con todo lo que pudiera ser un alivio para el alma y una relajación para la mente.

Los estudios debían incluir las «ciencias sagradas» (teología, mística, metafísica, simbolismo, espiritualidad) y las «artes suaves» (literatura, música, pintura), de modo que también se desarrollara un cierto equilibrio en el conocimiento. En resumen, no debía haber lagunas en la formación intelectual ni formas de monoideísmo.

BB – ¿En qué sentido?

ALF – En el sentido de que no hay que concentrarse demasiado en una idea, aunque sea una idea espiritual, sino entrenar la mente para que sea elástica y comprenda todo lo posible sin fanatismo ni fijación.

BB – ¿Y en qué consistía la «disciplina»?

ALF – Primero en fidelidad a los principios de la Alianza y luego en obediencia a las voces del alma o de la conciencia, es decir, de nuestro «guardián espiritual» (ángel de la guarda) que, si sabemos escuchar con la disposición interior adecuada, nos conduce siempre a una acción recta y virtuosa.

Por último, el sacrificio, la parte más difícil, que consistía en renunciar a las vanidades del siglo y al clamor del mundo en aras del testimonio de la verdad y del amor supremo a Cristo.

BB – ¡Sin duda intenciones muy nobles! ¿Había algo más a lo que estuvieran obligados los adherentes?

7. La cueva sagrada del Gargano

ALF – Sí, a la especial devoción al Arcángel San Miguel. El compromiso de respetar las cinco disposiciones fundamentales debía tomarse en Monte Sant'Angelo, en Apulia, en la gruta sagrada del Gargano, durante el equivalente de una «vigilia de armas». Una iniciación a la «ciencia divina» que debía impartir el propio Arcángel sin mediación humana[32]. Pero seamos claros: una experiencia carismática de este tipo no debe sugerir nada fantasmagórico o rayano en lo fantástico con apariciones de ángeles, espadas o santos griales. Hablamos aquí de una experiencia íntima e incomunicable, pero absolutamente real, que podría ni siquiera haber existido, pero que el propio Panunzio había experimentado. Y nadie en el mundo puede entrar en esta experiencia suya, ni siquiera yo mismo.

---

[32]De tal «iniciación» se habla continuamente en *La Jerarquía Celestial* de Dionisio el Areopagita.

¿QUÉ ES EL ESOTERISMO?

BB – Por supuesto, y yo tampoco, pero me interesa saber si esta idea tiene alguna base en la literatura esotérica.

ALF – Yo diría que más de uno, empezando por el riquísimo capítulo sobre la angeología, que encuentra confirmación en todas las tradiciones de Oriente y Occidente. Panunzio habló de una «iniciación arcangélica» prerrogativa de ciertos Solitarios e Inspirados, pero absolutamente real y tradicional. Quizá volvamos sobre ello más adelante.

BB – Para concluir esta parte de nuestra charla, ¿le gustaría añadir algo?

ALF – No, quizás he dicho demasiado (risas) y por eso diría que podemos dejarlo por el momento.

BB – Sólo una última pregunta; entre entonces y ahora, ¿cuál fue el camino y en qué punto se encuentra con el esoterismo?

ALF – Son dos preguntas (risas). Digamos que intenté modelar mi vida según los principios de ATMA y sigo haciéndolo. Panunzio dijo de mí que era «fiel y firme» (*fidus et firmus* en latín) y, efectivamente, estos dos adjetivos expresan muy bien mi carácter y mi forma de ser: en el fondo soy un soldado que nunca abandonaría su puesto. Sólo espero que esto sea una virtud y no un defecto (risas). En mi investigación y en mi trayectoria vital, el esoterismo siempre está ahí, digamos que en un segundo plano. Me ha formado en el discernimiento, en los caminos abiertos y verticales y en la respiración agitada. Y luego te diré, que también es un estímulo intelectual y para mí incluso un divertimento, un material magmático del que se pueden sacar muchas cosas buenas. Espero poder demostrarlo en la continuación de esta conversación.

IV

Historia del esoterismo

Con su larga historia, que podemos imaginar que se remonta al origen de la humanidad, podríamos decir que el esoterismo como tal es ahistórico. Sin embargo, entre los megalitismos ancestrales y la alquimia medieval, los esoterismos han adoptado formas muy diferentes en las distintas épocas; en este sentido, podemos hablar de una historia del esoterismo.

BB – ¿Podemos decir que el esoterismo como tal es ahistórico? Por otro lado, ciertas corrientes han aparecido en determinados momentos de la historia, ¿podemos dar una visión general de ellas?

1. Un esoterismo ahistórico

ALF – En efecto, el esoterismo como entidad histórica no existe ni ha existido nunca, pero una historia de sus múltiples expresiones, formulaciones, actualizaciones y adaptaciones es ciertamente posible. Sin embargo, se trata más de una historia de hombres que de almas que han realizado esa posibilidad, a veces dentro de un marco institucional religioso y civil y otras fuera de él.

BB – ¿Puede aclararlo?

ALF – Lo intento. Cuando hablamos de esoterismo, hablamos de una «cultura del alma» que responde a necesidades humanas, necesidades que son a la vez de naturaleza especulativa y espiritual, pero yo diría que sobre todo espiritual. Llamamos «esoterismo» a una respuesta posible, una de tantas, pero cuidado, no la única. Hay una pluralidad de voces que responden a esta «necesidad» y nunca son todas iguales: unas son balbuceos inconexos, otras discursos inacabados, otras dialécticas rigurosas. Todo depende del sujeto humano que enuncia. Por lo que respecta al esoterismo, podemos hablar ciertamente de corrientes, o más bien de ríos cársticos de los que brotan manantiales a diestro y siniestro de vez en cuando. Es de la «historia» de estos manantiales de agua de lo que podemos hablar y no del río que los originó.

BB – ¿Y el «río» tiene nombre?

ALF – Del solemne y grandioso «río» crecido con aguas cristalinas no se puede ni se debe hablar porque brota, como nos recuerda ese libro esotérico por excelencia del cristianismo que es el Apocalipsis, «del trono de Dios y del Cordero»[33].

BB – Un poco enigmático, ¿no crees? (risas). ¿Puedes dar más detalles?

ALF – Tienes razón Bruno, pero no puedo hablar de algo misterioso privándolo de misterio, sería como desvirtuarlo o quitarle interés. Pero te diré que no es casualidad que haya elegido el agua y el «trono» entre los símbolos del pensamiento judío y cristiano, porque mejor que otros símbolos, son quizás los que tienen una vocación metafórica más marcada y por tanto están entre los que mejor simbolizan el esoterismo.

BB – ¿Por qué?

ALF – Pues uno representa la movilidad fluida y esquiva y el otro la estabilidad y la perpetuidad. Libro de los Reyes: «el trono de los reyes de Israel es estable ante el Señor, *para* siempre»[34]. Estas son las dos «cualidades intrínsecas» del esoterismo.

BB – Es muy convincente, pero centrémonos en el tema de este capítulo, que es la «historia» del esoterismo.

ALF – Tienes razón Bruno, este es uno de los problemas del esoteris-

---

[33] *Apocalipsis*, 22, 1-21.
[34] *1 Reyes*, 2, 45.

mo, que es una especie de «summa summarum»[35], es decir, consigue engancharse a cualquier tema a todos los niveles y cuando hablas de ello siempre corres el riesgo de salirte del tema.

2. Esoterismo, una historia de los hombres

ALF – Ya te he dicho que el esoterismo es también una historia de hombres, de hombres concretos dotados de genio creativo y espiritual[36]. El hecho de que estas figuras históricas se convirtieran en leyendas es bastante emblemático. Pero poco importa que fueran personalidades encarnadas o personalidades «colectivas», como nos reveló Guénon, porque lo que cuenta es su mensaje, el camino que señalaron y transmitieron y que se ha perpetuado a lo largo de los siglos casi sin interrupción, a veces abiertamente, la mayoría de las veces de forma encubierta, a través de lo que se ha llamado con razón «una cadena de oro».

BB – ¿Nombramos a los hombres que habrían hecho esta «historia»?

3. Padres mayores: Hermes, Pitágoras, Moisés, Manú, Orfeo

ALF – Para el esoterismo, casi como para el cristianismo, podríamos hablar de una «patrística mayor» y de una «patrística menor». Los padres mayores del esoterismo fueron sin duda el mítico Hermes Trimegisto y el historiador Pitágoras, comparables a los grandes «legisladores morales», el Moisés bíblico y el Manu hindú. El origen egipcio de Hermes ha sido reafirmado en nuestros días por algunos estudiosos como Martin Bernal[37] (1937-2013), pero no todos están

---

[35]Suma de sumas.

[36]Una historia suspendida entre el Cielo y la Tierra y con la concurrencia de fuerzas sobrenaturales y trascendentes, por tanto, como habría dicho Corbin, una hierohistoria.

[37]Académico e historiador griego británico.

de acuerdo, mientras que Pitágoras (en griego antiguo: *Pythagóras*[38], siglo VI a.C.) se dice que fue un filósofo y matemático de la antigua Grecia que vivió realmente.

BB – ¿Son ellos solos los «padres mayores del esoterismo»?

ALF – No, habría que añadir a Orfeo (en griego antiguo: *Orphéus*, en latín: *Orpheus*), personaje también mitológico aunque el gran historiador de las religiones Mircea Eliade creía que había existido realmente antes de Homero[39] . Pero como repito, poco importa la existencia histórica de estos personajes, sólo importa el hecho de que sus nombres estén ligados a orientaciones atribuibles al esoterismo y a las iniciaciones primitivas más arcaicas.

BB – Pero, ¿en qué sentido eran esotéricas estas iniciaciones?

ALF – Eran esotéricas porque eran practicadas por grupos restringidos y el acceso a ellas por parte del común de los profanos estaba prohibido. Este secretismo extremo es una de las características de lo que aún hoy hemos decidido llamar «esotérico» y me parece que, con respecto a todo lo que hemos dicho hasta ahora, esta definición puede aceptarse y asumirse.

BB – En estos «caminos» hay un aspecto práctico y ritual, pero ¿hubo también uno especulativo?

ALF – ¡Naturalmente! Pero más que de especulaciones, yo hablaría de doctrinas o conocimientos, para no hacer pasar estos contenidos por divagaciones más o menos filosóficas o conjeturas discutibles engendradas por mentes enfermas o fantasiosas.

BB – ¿Quieres explicarlo mejor?

ALF – Por supuesto. Creo que todos estos conocimientos provenían de experiencias íntimas y «revelaciones» y, en definitiva, del contacto vivo con el «otro mundo». Eran «experiencias», por así decirlo, que

---

[38]El nombre de Pitágoras es probablemente un heterónimo más que un nombre propio. Se compone de dos elementos, el segundo de los cuales es sin duda ἀγορά (ágora, «plaza»); según algunas fuentes, el primero es Πυθιος (Pythios, epíteto de Apolo que también indica sus oráculos, como Pythia); en cuyo caso el significado podría interpretarse como «el que expone oráculos». Se trata, por supuesto, de una hipótesis.

[39]Véase el capítulo «Orfeo, Pitágoras y la nueva escatología» en *Historia de las creencias y las ideas religiosas,* vol. 2, Milán, Rizzoli, 2006, p. 186.

podríamos comparar a las de los chamanes contemporáneos (todavía hay muchos en el mundo), inducidas por técnicas mágico-rituales y extáticas particulares. Creo que entraremos en los méritos de estas «prácticas» en capítulos posteriores, así que por el momento diré que esta insinuación será suficiente.

BB – En este sentido, también se habla de una «religión de misterios» o «cultos de misterios», ¿qué podemos decir al respecto?

4. Religiones misteriosas

ALF – Sí, y me parece una definición aceptable. La etimología de la palabra «misterios», nos dicen los lingüistas, se remonta a la raíz indoeuropea «*my*», que originalmente tenía el significado de «cerrar la boca», y de esta raíz los términos griegos «mýō», «ocultar», «mýēsis», «iniciación», y «mýstēs», «iniciado», de donde derivaría también «místico». Los componentes comunes de los ritos mistéricos eran generalmente símbolos sagrados y ceremonias mágicas, sacramentos y rituales de purificación, que podían incluir sacrificios, abluciones, ayunos o abstinencias, banquetes devocionales, danzas, etc. etc.

BB – ¿Cuáles eran esas «religiones de los misterios»?

ALF – Sin duda, los misterios eleusinos (τὰ μεγάλα μυστήρια)[40] , vinculados al culto de las deidades agrarias de la naturaleza y las estaciones, a saber, Deméter y Perséfone. Luego recordaría los cultos ligados a Dioniso, los vinculados a la deidad frigia Sabacio, los misterios de los Cabiros en Samotracia en el santuario del mismo nombre y, como he mencionado antes, los misterios órficos y pitagóricos. También había otros cultos mistéricos de origen oriental: los de la Gran Madre Cibeles con Atis en Asia Menor, los de Serapis, Isis y Osiris de la mitología egipcia, y los de Mitra de Persia, que impregnaron la Roma imperial.

BB – ¿Así que estamos hablando de las realidades generalizadas de los cultos populares y presentes en casi todas las civilizaciones antiguas? Pero, ¿no era el esoterismo algo elitista?

---

[40]Eleusis, ciudad situada a veinte kilómetros al oeste de Atenas.

ALF – En realidad sólo en algunos casos, y por eso hablamos de «religiones de misterios», precisamente para significar su connotación más amplia y «social». En definitiva, quiero decir que también ha existido un «esoterismo popular», un esoterismo al alcance de todos, igual que hoy existe una «literatura esotérica» popular, una «magia» popular y organizaciones esotéricas e iniciáticas, como la masonería, que cuentan con miles de adeptos en todo el mundo.

BB – Volviendo a los «padres» del esoterismo. También me hablabas de «padres menores». ¿Quiénes eran?

5.   Patrística esotérica y Escolástica

ALF – Se podría hacer una larga lista de ellos, desde Platón hasta René Guénon. Pero he querido introducir esta categoría no tanto para hablar de las figuras individuales, de las que nos ocuparemos en una entrevista posterior, sino para establecer un paralelismo semántico entre el esoterismo y la religión cristiana que puede ayudarnos a comprender muchas cosas sobre el esoterismo y sus vicisitudes históricas. Por lo tanto, repito que la historia del esoterismo es ante todo una historia de «padres», mayores y menores, y de maestros que defendieron una perspectiva, reelaboraron un material que existía antes que ellos, formularon soluciones, indicaron caminos, proporcionaron directrices prácticas, construyeron arquitecturas teóricas y especulativas, conciliaron doctrinas y símbolos, fundaron escuelas y cofradías exactamente como hicieron nuestros «padres de la Iglesia».

BB – ¿Así que casi podríamos hablar de una patrística esotérica?

ALF – Yo diría que sí. Y, si queremos, también de una escolástica —porque hubo tantos que retomaron las enseñanzas de estos maestros y aseguraron una continuidad más o menos fiel— y de un escolasticismo, porque hubo tantos que, a fuerza de formalizar el mensaje, lo redujeron a algo rígido y mecánico.

BB – Interesante y original como punto de vista para contar la historia del esoterismo.

ALF – (Risas). Digamos que me gustaría intentar simplificar al máximo el discurso introduciendo conceptos y categorías que puedan ayudar a nuestro lector a enmarcar un contexto que es muy complejo y, como ya he dicho, bastante magmático.

BB – Históricamente, ¿qué otra información útil podemos dar?

6. Esoterismo: geografía de los orígenes históricos

ALF – Quizá el geográfico. La geografía es fundamental para entender la historia, pero en general yo diría que también para entender la evolución o involución del pensamiento.

BB – ¿Y cuáles son las zonas geográficas más implicadas en la historia del esoterismo?

ALF – Yo hablaría de «centros de irradiación» y propagación. Una nueva disciplina, la «geografía religiosa», se ocupa de ello, pero no me consta que haya abordado aún la historia del esoterismo. Ojalá lo haga en el futuro, porque material para un discurso exhaustivo no falta.

BB – ¿Cuáles eran entonces los principales «centros de irradiación» del esoterismo?

ALF – Para Occidente, principalmente Egipto (Heliópolis, Sais) y Ellas (Eleusis, Delfos, Olimpia); para Oriente Próximo, Irak (Nayaf) e Irán (Qom); para Oriente, el Tíbet (Lhasa). Pero los centros eran innumerables y de algunos se han perdido las huellas. Estos lugares también eran destino de peregrinaciones y escenarios de hechos inexplicables.. Hoy tendemos a descartar estos hechos eventuales como leyendas, mitos, fantasías, y sin duda en algunos casos lo fueron, pero no siempre. Las manifestaciones divinas (teofanías, en el lenguaje de los historiadores de las religiones), no son en absoluto invenciones humanas, e incluso el lector más escéptico hará bien en darse cuenta de ello.

BB – ¡Esperemos que lo haga! (risas). Has mencionado el Tíbet, pero ¿China y Japón? ¿Había esoterismo relacionado con algún lugar de allí también?

ALF – Sin duda es posible. Para Japón, pienso en el Monte Fuji, pero también en Osorezan, la montaña volcánica del inframundo que se eleva en el centro de la península de Shimokita, en el extremo norte de la prefectura de Aomori. Caminar por sus laderas es como adentrarse en las tierras budistas del más allá. En el caso de China, mencionaría también las montañas sagradas, que son numerosas y están repartidas por distintas zonas. Allí se encuentran a menudo templos donde se puede recibir la iniciación. En una de estas montañas se encuentra el famoso monasterio de Shaolín, un templo importante en la historia del budismo chino, reconocido como lugar de nacimiento del budismo *chán* y la cuna *del Shaolinquan.*

BB – Por mi parte, no sé si el esoterismo cosmo-genético de los dogones africanos está vinculado a un lugar concreto, como, por ejemplo, el famoso acantilado de Bandiagara...

7. Esoterismo y gnosticismo

BB – Volviendo a la «historia», ¿crees que el gnosticismo, el maniqueísmo o la escuela de Alejandría forman parte de la historia del esoterismo?

ALF – Bueno, en cierto modo, sí. El gnosticismo es un fenómeno demasiado vasto y complejo para que quepa todo en la categoría de esoterismo. Yo hablé de escolástica y escolasticismo, aquí hablaría de herejías y aspectos «sectarios». «Herejía» es una palabra derivada del griego «*haìresis*», derivada a su vez del verbo «hairèō», «asir», «tomar» pero también «escoger» o «elegir». En el gnosticismo en general, no sólo existe la elección de una parte en lugar del todo, sino también la sombra del «Polemos»[41].

BB – ¿*Polemos,* el demonio de la guerra en la mitología griega?

ALF – Sí, así es. Lo que quiero decir aquí es que en general bajo el nombre genérico de gnosticismo se reúnen doctrinas que en su mayoría se han mostrado *hostiles* hacia las tradiciones institucionales, tanto civiles como religiosas, y que esta hostilidad, desconfianza y aversión tiene poco que ver con la búsqueda de la verdad y por tanto

---

[41]De *polemos procede la* palabra italiana «polemica» y la francesa «polémique».

con el esoterismo. Por eso yo tendería a excluirlas de la historia de las auténticas tradiciones esotéricas, aunque soy consciente de que un esoterista tendría mucho que decir al respecto.

BB – Entonces será importante retomarlo más adelante, ¿qué opinas?

ALF – Definitivamente. Hablando de esoterismo cristiano o esoterismo judaico.

8. Esoterismo y escuelas filosóficas

BB – En este encuadre de la historia del esoterismo, ¿cree necesario proporcionar al lector alguna otra indicación? Por ejemplo, ¿qué hay de la «escuela de Alejandría» o del gnosticismo y neoplatonismo alejandrinos?

ALF – Sólo digo que eran escuelas, es decir, lugares de estudio que respondían a determinadas disposiciones intelectuales de quienes acudían a ellas, pero desde luego no eran organizaciones iniciáticas ni corrientes esotéricas. Por supuesto, en esas escuelas había «maestros» que enseñaban y esos maestros bien pudieron ser iniciados, no lo niego. Pero francamente me cuesta clasificarlas como esotéricas *tout court*. En cuanto al neoplatonismo, estamos en el ámbito de un fenómeno cultural, aunque con muchas implicaciones sapienciales y, por tanto, en cierto modo esotéricas.

BB – ¿Nos detenemos aquí? Y la Alquimia, la Cábala...

ALF – Aquí, estas dos «corrientes» las haría definitivamente parte de la historia del esoterismo.

BB – Menos mal, ¡tenía miedo de que los excluyeras! (risas)

ALF – No, no, ¡por Dios! (risas) Sin duda son dos corrientes de esoterismo que, no por casualidad, comparadas con otras formas espurias tienen un origen históricamente incierto: siglo VIII para la primera (Alquimia), siglo XII para la segunda (Cábala). Pero incluso el historiador más riguroso comprende que algo no cuadra en la datación y que no puede no haber precedentes. La explicación del sincretismo es bastante débil, pero a falta de otra cosa, encaja.

BB – Bueno, entonces, ¿lo dejamos por hoy? ¿Tienes algo más que añadir?

ALF – No, yo me detendría aquí, también porque seguiremos hablando de aspectos históricos del esoterismo en la continuación de esta entrevista y habrá forma de añadir otros elementos corroboradores.

V

Esoterismo y esoteristas

A pesar de la enorme variedad de esoterismos, ¿es posible trazar una clasificación de los mismos; y entre los muchos esoteristas, podemos mencionar algún nombre importante? He aquí dos cuestiones que nos han parecido fundamentales en este punto.

BB – Sin embargo, ¿la gran diversidad de esoterismos nos permite esbozar una clasificación?

1. Clasificación de los esoterismos

ALF – El esoterismo, lo que yo llamo auténtico —y he intentado explicar por qué— es fundamental y esencialmente un Camino. ¿Pero un Camino hacia qué? Yo respondería: un Camino hacia la Verdad.
BB – Una definición que se aleja bastante de la que proponen los trabajos académicos por dos razones: en primer lugar porque, como hemos visto, estás excluyendo del esoterismo a los que no son auténticos, y en segundo lugar porque ya no se trata de desarrollar simples interpretaciones o meros conocimientos, sino que se trata de una Vía que implica a quienes la recorren.
ALF – Por supuesto. Y precisamente por eso me gustaría en este capítulo intentar explicarme mejor aclarando primero el significado de la palabra «verdad». «*Quid est veritas?*», «¿Qué es la verdad?»

preguntó Poncio Pilatos a Jesús, sin recibir respuesta. El lenguaje iniciático está hecho de silencios, porque la verdad es inexpresable.

BB – Pero la literatura esotérica se compone de muchas palabras, tal vez lenguas cifradas que hay que descifrar. ¿Cómo se explica esta contradicción?

ALF – Se explica por el hecho de que, de todos modos, el ser humano no puede prescindir del lenguaje, pero es la verdad del *lenguaje* lo que interesa al esoterista[42]. La Verdad del lenguaje significa también el poder evocador de la palabra, el poder del sonido que expresa la palabra y el del silencio que subyace a ella.

BB – Entonces, ¿la búsqueda de la verdad es también una búsqueda de la *verdad del lenguaje*?

ALF – Exacto. Y ya aquí tenemos la posibilidad de una primera triple clasificación: está el esoterismo «silencioso», el que por así decirlo carece de libros de texto; está el esoterismo «oral» de los maestros y, por último, está el esoterismo «escrito» de los estudiantes, de los discípulos y de los seguidores. La historia del esoterismo la hacemos principalmente a partir de los escritos, de los libros, pero entonces no podemos dejar de considerar que la mejor parte de estas enseñanzas no la conocemos y sigue siendo de hecho intangible.

Así, esta triple subdivisión corresponde a la patrística para la primera y la segunda, y a la escolástica para la tercera.

BB – Es muy intrigante. (Risas). Empecemos con esta «patrística», ¿quiénes son estos padres?

2.   Una patrística del esoterismo

ALF – Sí, he mencionado a Orfeo, Pitágoras y Hermes Trismegisto. Tres nombres que creo que todo el mundo conoce y sobre los que se han escrito miles y miles de páginas. Son los verdaderos padres del esoterismo. Padres míticos, eso sí, a los que se les dio un nombre

---

[42] *Verdad del lenguaje* es el título de un libro del «florentino teocrático» Attilio Mordini, publicado por primera vez en 1974 por la editorial Giovanni Volpe. Mordini se especializó en germanística y estudios teológicos, pero también fue un estudioso serio y entendido de las doctrinas esotéricas.

simbólico que ciertamente —suponiendo que fueran personas— no era su «nombre de pila». Yo señalaría entonces que esos tres nombres son todos de origen griego, lo que significa que la contribución de los pueblos de estas tierras al esoterismo fue fundamental. Habría que preguntarse entonces qué era realmente Hellas y qué pueblos y culturas confluyeron en ella. Pero este es un discurso que aquí no podemos ni siquiera insinuar. Basta con que el lector lo tenga presente[43].

BB – Nos has hablado de Pitágoras, ¿quieres decirnos también algo sobre el significado de los nombres Hermes y Orfeo?

ALF – Ciertamente. Hermes Trismegisto, como hemos dicho, es casi con toda seguridad un personaje legendario e inexistente de la época preclásica, venerado como maestro de sabiduría y al que tradicionalmente se atribuye la autoría del *Corpus Hermeticum*. A él se atribuye la fundación de la corriente esotérica conocida como Hermetismo. Hermes Trismegisto significa literalmente «Hermes, el tres veces grande». Con este nombre, los griegos quisieron asimilarlo al dios Hermes, dios del logos y la comunicación, pero también a Thot, el dios egipcio de las letras, los números y la geometría. Como era costumbre de los egipcios repetir el adjetivo «grande» delante del nombre de las divinidades, a Hermes se le llamaba efectivamente el grande tres veces (tris-megisto).

BB – ¿Y Orfeo?

ALF – Orfeo deriva del nombre griego «*Orpheus*», que en realidad es de origen desconocido, pero sobre el que se han propuesto varias hipótesis, entre ellas una que vincula este nombre con «*orphne*», «oscuridad de la noche» o con «*orphanós*», «huérfano», «solo», pero ni siquiera en este caso hay acuerdo entre los lingüistas.

BB – ¿Qué nos dicen las etimologías de los nombres de los «padres» del esoterismo?

ALF – Nos dicen algunas cosas fundamentales sobre el verdade-

---

[43]Las conexiones entre la antigua Grecia y Oriente aún no han sido suficientemente investigadas, pero ciertas mitologías historiográficas construidas sobre el llamado «milagro griego» o sobre la originalidad del espíritu helénico necesitan ser plenamente revisadas y corregidas.

ro esoterismo. El nombre de Pitágoras nos dice que el esoterismo transmite un conocimiento oracular (la conexión con Apolo, dios de la música, las artes médicas, la ciencia, el intelecto y la profecía), pero reservado, en el sentido de que quienes realmente lo escuchan y comprenden han sido siempre una pequeña minoría. Además, la conexión con el *ágora*, la plaza pública, nos habla precisamente del carácter colectivo de este nombre, lo que significa, en mi opinión, que lo que cuenta es la sabiduría o la verdad y no la individualidad que la transmite.

BB – Por cierto, parece que la escuela pitagórica también acogía a mujeres, a las que normalmente se excluye de recibir enseñanzas esotéricas. ¿Es así?

ALF – Sí, en parte es así. Esta «conventio ad excludendum»[44] hacia las mujeres se refería a una supuesta incapacidad por su parte para participar en ciertas disciplinas racionales y espirituales. Incluso hoy en día, una institución tradicional e históricamente «iniciática» como la masonería ha tenido dificultades para aceptar la presencia de mujeres en la logia, lo que dice mucho de la persistencia de esta idea[45]. Pero no fue así en la escuela pitagórica, como no lo fue en las «religiones mistéricas» y tampoco en el cristianismo primitivo y en muchos otros ámbitos[46]. Será necesario volver sobre este tema.

BB – Sin duda lo haremos y me comprometo a recordártelo a su debido tiempo. Pero volvamos a los nombres. Hermes: ¿qué nos dice este nombre sobre la naturaleza del esoterismo?

ALF – Hermes, el Hermes griego, es el dios mediador entre los hombres y los dioses, el análogo del Mercurio latino y del Thot

---

[44]Locución latina utilizada para definir un acuerdo explícito o un entendimiento tácito entre determinados interlocutores sociales destinado a excluir a un tercero específico de determinadas formas de alianza, participación o colaboración.

[45]Las llamadas Constituciones de Anderson, que han sido la ley de la institución masónica durante casi tres siglos, establecen en el Capítulo III: «Las personas admitidas como miembros de una Logia deberán ser hombres buenos y sinceros, nacidos libres y de edad madura y discreta, no esclavos, ni *mujeres*, ni hombres inmorales o escandalosos, sino de buen carácter».

[46]Aquí, sin embargo, hay que recordar también que algunas iniciaciones, al estar basadas en el ejercicio de un oficio, estaban reservadas sólo a los hombres, otras sólo a las mujeres y otras a hombres y mujeres indistintamente.

46

egipcio. La palabra deriva del griego «Ermés/Eiro», que significa «anuncio». Toma el nombre del hijo de Zeus y Maia, dios del robo y el comercio, mensajero de los dioses y psicopompo, «compañero de las almas». Hermetismo procede de su nombre y hermetismo es sinónimo de esoterismo. Así pues, la dimensión más propia del esoterismo es la de algo que está entre el cielo y la tierra, entre el microcosmos y el macrocosmos o incluso entre el cosmos y el metacosmos. Por tanto, el esoterismo lleva «el fuego de los dioses» a los hombres; no «robándolo» como en el caso de Prometeo, sino en forma de «regalo».

BB – ¿Podríamos decir también entonces, siguiendo tu razonamiento, que el falso esoterismo es prometeico, mientras que el verdadero no lo es?

ALF – Yo diría que sí. Sin duda es un parámetro válido de discernimiento. Nos lleva de nuevo a la discusión sobre el paralelismo con la «gracia» que ya hemos discutido.

BB – ¿Qué más nos dice el nombre Hermes?

ALF – También nos dice que el esoterismo tiene una dimensión cerrada, enigmática, a veces incomprensible (éste es el sentido que damos a la palabra «hermético»). Un secreto que es tal no porque sea abstruso, sino porque ningún razonamiento puede aprehenderlo, ningún pensamiento, por profundo que sea, violarlo; sólo el Espíritu posee las claves. Jesús: «Bienaventurado eres, Simón, hijo de Jonás, porque ni la carne ni la sangre te lo han revelado, sino mi Padre que está en los cielos»[47]. Hermes es también una figura del Logos, pero del Logos de los dioses, con «ele» mayúscula. Cuando el *Logos* de los dioses se hace palabra, enseñanza, también se hace literatura, pero es literatura de los dioses. El esoterismo como «género literario» es, por tanto, «literatura de los dioses»[48].

BB – ¡Muy interesante! ¿Y Orfeo?

ALF – Hemos dicho que Orfeo suele traducirse por «oscuro», «solo». Orfeo, como Pitágoras, tiene que ver con Apolo y la magia del canto,

---

[47] Mateo 16: 13-19.

[48] *La literatura y los dioses es un* ensayo de Roberto Calasso publicado por Adelphi en la serie Adelphi Library en 2001.

del sonido, de la voz. Elementos que desempeñan un papel muy importante en el esoterismo. Además, Orfeo es el que «desciende a los infiernos». Y, efectivamente, el esoterista no sólo es un solitario, al que no le gusta relacionarse con demasiados, que lleva una vida retirada y aparece lo menos posible y cuando aparece siempre trata de ocultar su estado y sus intereses; sino que también es alguien que está familiarizado con la muerte, con los muertos y con el mundo de ultratumba.

3. Dante, el esoterista por excelencia

BB – Se me ocurre que hay una vaga presencia del mito clásico de Orfeo en el relato del viaje al otro mundo de Dante.

ALF – ¡Exacto! Y en mi opinión el propio Dante Alighieri es el esoterista por excelencia.

BB – ¡Pero los críticos literarios y los estudiosos de Dante niegan el esoterismo de Dante!

ALF – Sí, lo niegan y reducen el discurso de Dante a un hecho literario. Pero estos señores no entienden de esoterismo y debo decir que a menudo ni de teología ni de filosofía. Si uno no se «adhiere» (= unirse a una cosa combinándose con ella; estar unido o en estrecho contacto) a una cosa no puede comprenderla verdaderamente. En Dante, toda la tradición clásica precristiana (en la *Divina Comedia* hay mucho pitagorismo y otro tanto de hermetismo) se canaliza hacia la tradición teológica y filosófica cristiana. No es una simple forma de irenismo o ecumenismo como diríamos hoy, sino una verdadera síntesis, un verdadero esoterismo por tanto un «summa summarum» como creo que ya he dicho.

BB – ¿Y se puede considerar a Dante un «padre» del esoterismo o un discípulo?

ALF – Dante es un discípulo, pero uno muy bueno (risas). Después de todo, también lo fue Platón, cuyo maestro fue Sócrates. Podemos considerarlo un «padre».

4. El esotérico Sócrates

BB – ¿Sócrates un esoterista?

ALF – ¡Claro que sí! Un esoterista del tipo «solitario», sin escuela. Todo su conocimiento y sabiduría, según su mejor alumno Platón, le venían de una «voz interior», el famoso *dàimon* (en latín tardío *daimonium*).

BB – Pero en qué consistiría su «esoterismo».

ALF – Cuando el conocimiento no deriva de una fuente de origen humano, podemos llamarlo conocimiento esotérico. Y además, en Delfos, en el famoso santuario que ya hemos mencionado, se decía que Sócrates era el hombre más sabio de Grecia. Así que fueron los propios iniciados quienes se refirieron a él como un «maestro», es decir, un portavoz de los dioses.

BB – ¿Otros padres?

ALF – Yo me detendría en Sócrates. Y en su caso, como quizá en el de Pitágoras, estamos hablando de personas reales y no de mitos.

BB – En este punto deberíamos intentar decir algo sobre la «escolástica esotérica». Has mencionado a Platón y a Dante. ¿Excluirías a Aristóteles?

ALF – En absoluto. ¿Y cómo podría excluir precisamente a «el maestro de los que saben» (Dante) ?[49]

5. El esoterista Aristóteles

BB – Aristóteles, ¡ese gran desconocido!

ALF – ¡Tienes razón, Bruno! Hay un gran malentendido sobre Aristóteles: la imagen convencional es la de una especie de científico puro y filósofo riguroso y lógico, olvidando o poniendo entre paréntesis su orientación metafísica, espiritual y contemplativa y, tal vez, su conexión con la tradición mistérica[50].

---

[49]La *Divina Comedia*, Inf., IV, 131.

[50]Sobre este tema, el cuidadoso estudio del profesor de filosofía antigua y patrística, Abraham P. Bos (1943): *Teologia cosmica e metacosmica. Per una nuova interpretazione dei dialoghi perduti di Aristotele*, Edizione Vita e Pensiero,

BB – Sin ninguna duda. Por cierto, en cierto modo, es de su léxico de donde se tomó la palabra «esoterismo».

ALF – ¡Es cierto! Aristóteles utilizó la palabra «exoterismo» muy a menudo, y aunque el adjetivo «esotérico» se creó más tarde, no podría haberse concebido sin el término que lo precedió. Luego hay todo un debate sobre lo que significaba realmente la palabra «exotérico» en Aristóteles. Algunos estudiosos creen, incluso con buenos argumentos, que se refería a aquellas realidades que están «fuera» (éxo), por tanto en el exterior y más allá de la naturaleza física. Y posteriormente esas realidades han sido llamadas «exotéricas» y «metafísicas»[51].

BB – ¿Casi una inversión de sentido?

ALF – Exacto. Es decir, que si no entendemos el significado de ciertas palabras utilizadas por los antiguos, es probable que tampoco entendamos su punto de vista.

BB – Por lo tanto, es necesario volver a la verdad del lenguaje como dijiste. . .

ALF – Sería necesario, siempre que los demás consigamos llegar al fondo del asunto, porque lo que no se puede recuperar es la mentalidad de los antiguos, tan diferente y tan distante de la nuestra. De ahí también las dificultades para reconstruir no sólo la historia, sino también la noción de esoterismo.

BB – Muy cierto. Volvamos en la medida de lo posible a Aristóteles el esoterista. Esoterista escolástico también, ¿no?

ALF – ¡Claro que sí! Escolástico hablante y escribiente.

BB – ¿Y qué contribución habría hecho al esoterismo?

ALF – Un impulso extraordinario, tanto formal como sustancial, tanto directo como indirecto. Lo dio con sus enseñanzas públicas y privadas a través de su escuela el *Peripatos* (del griego *Peripatos*, camino, vía) donde se reunían sus alumnos y que estaba situada no por casualidad cerca del santuario dedicado a Apolo Lycius del que deriva el otro nombre de la escuela: el Liceo. Pero también lo dio a

---

Milán 1991.

[51] *Ibid.* Sin olvidar el término «acroamática», ampliamente utilizado por Aristóteles y otros contemporáneos, que significa «enseñanza por la viva voz de un maestro» o incluso «transmisión oral».

través de su espíritu, cuya presencia aún puede sentirse después de 2600 años. ¡Cuántos estímulos han venido de él y a todos los niveles! Luego están las obras perdidas. Perdidas sí, pero no olvidadas. Las llamadas «obras científicas», deberíamos entenderlo, no eran más que una propedéutica.

BB – El esoterista Pierre A. Riffard, a quien has citado al principio y cuyo texto recomendaste, cree, sin embargo, que Aristóteles, en conjunto, era sólo «un técnico de la filosofía» y no un especialista en lo oculto.

ALF – Y en parte estoy de acuerdo. Pero Aristóteles fue también un iniciado en los misterios y un guardián de la Tradición como su maestro Platón. No se puede negar[52]. Y no se puede negar que casi todo el mundo se inspiró en él precisamente porque su pensamiento era un *summa summarum, un* esoterismo, una visión total de y sobre la realidad.

BB – El esoterismo como «visión total de la realidad».

ALF – Sí, precisamente. El esoterismo es también esto. Un conocimiento total y un punto de vista total que no deja nada fuera, ni siquiera la ciencia, ni siquiera la lógica. Es una doctrina en la que «todo se mantiene unido».

BB – ¿Pero no habíamos dicho que el esoterismo es una «vía», un camino hacia la verdad?

ALF – Por supuesto, pero este «camino» no deja nada fuera. Es un camino que implica a todo el hombre y, por tanto, también a su pensamiento, a sus ideas, a su visión del mundo. Lo intuido puede ser explicado y lo explicado puede volver a ser intuido, conocido, precisamente a través de su enunciación y explicación. El esoterismo es una catedral, una construcción perfecta con muchos elementos estructurales, arquitectónicos, funcionales e incluso decorativos. Sin embargo, si nos detenemos en los detalles, no vemos el todo, y es el todo el que cuenta con los cimientos sobre los que se asienta.

BB – Fascinante, pero tengo que reconducir la discusión a los «esoteristas» o corremos el riesgo de perder el hilo de la lógica

---

[52]Se trata de un punto controvertido sobre el que discutirían muchos estudiosos de Aristóteles.

aristotélica (risas).

6. Escuelas y esoteristas escolásticos

ALF – Una vez más tienes razón Bruno y te pido disculpas si continuamente doy pasos atrás, pero son necesarios precisamente para impulsarnos cada vez más lejos en nuestro discurso y obligarnos a replantear lo que siempre hemos creído entender y saber sobre esoterismo.

Volvamos a los nombres. No quiero mencionar a muchos de ellos porque la lista sería muy larga y porque habría que hacer extensas intervenciones para cada uno. Hablemos más bien de corrientes, manteniéndonos siempre en el ámbito de la escolástica y de los «discípulos del esoterismo» (probablemente hablaremos de escolástica y de «discípulos» al final de nuestras entrevistas, en el capítulo dedicado al ocultismo y al esoterismo «moderno» o «pseudo»). En esta categoría incluiría todo el vasto movimiento neoplatónico.

BB – Los nombres son muchos. ¿Puedes recordar los más importantes?

ALF – Yo diría sin duda la escuela de Roma, fundada por Plotino y continuada por sus discípulos Porfirio y Amelio; la escuela de Alejandría, fundada por Amonio Sacca, entre cuyos exponentes se encontraban Olimpiodoro el Viejo, la filósofa Hipatía y su padre Teón; la escuela siríaca de Apamea, fundada por Jámblico, discípulo de Porfirio, que se distinguió por su revisión de las teorías del fundador y por su marcada recuperación de las tradiciones neopitagóricas y de la sabiduría contenida en el llamado *Corpus Hermeticum*; la escuela de Atenas, vinculada a la escuela siríaca a través de Prisco, cuyos principales exponentes fueron Plutarco de Atenas y Siriano, y cuyos logros están atestiguados por las obras de Proclo; la escuela de Pérgamo, fundada por Edesio de Capadocia, que tuvo en el emperador Juliano a uno de sus principales representantes; la Escuela Teológica de Alejandría o *Didaskaleion*, cuya fundación se remonta directamente a San Marcos Evangelista, con Panteno («la abeja siciliana») primero y Clemente de Alejandría después.

BB – El neoplatonismo cristiano...

ALF – Sí, por supuesto, con Pseudo Dionisio Areopagita[53] y Juan Escoto Eriúgena *en primer lugar*, seguidos de Hildegarda de Bingen, Marsilio Ficino, Pico della Mirandola, Nicola Cusano, Giordano Bruno, Meister Eckhart, Juan Taulero, Enrique Suso, Rulman Merswin y Margaretha Ebner y el grupo místico medieval de los «Amigos de Dios».

BB – ¿Y después del Renacimiento?

ALF – La cadena continúa con otras figuras, no siempre y no todas necesariamente vinculadas a un esoterismo institucional, como Schelling, Schopenhauer, los platónicos de Cambridge, Ralph Cudworth y Henry More, los trascendentalistas americanos, especialmente Emerson y Thoreau, hasta los «pensadores de la tradición» del siglo XX, corriente inaugurada por René Guénon: Julius Evola, Ananda K. Coomaraswamy, Titus Burckhardt, Frithjof Schuon, Elémire Zolla, Henry Corbin, Alain Daniélou, Martin Lings, Seyyed Hossein Nasr y muchos otros. En cierto modo, en la corriente del esoterismo literario del siglo XX también podemos incluir al psicoanalista Carl Gustav Jung, aunque para algunos era simplemente un «gnóstico» en el peor de los sentidos.

7. El esoterista Guénon

BB – Le das mucho peso a los «Pensadores de la Tradición», ¿verdad?

ALF – Sí, reconozco mi dependencia de esta «corriente» que tengo en gran estima.

BB – ¿Considera que existe una armonía real con el esoterismo de los «padres fundadores»?

ALF – Creo que sí, tanto que con sus obras se podría hablar incluso de una neopatrística del esoterismo. Pero cuidado: el padre es René Guénon, todos los demás son más o menos buenos alumnos.

---

[53]Llamado durante un tiempo «Pseudo-Dionisio el Areopagita», para no confundirlo con el obispo de Atenas del siglo I San Dionisio de París. Hoy se está de acuerdo en que se trata de una tradición elaborada en el siglo I y fijada en torno al año 500; por tanto, podemos eliminar el «pseudo».

BB – ¿Así que Guénon está al nivel de Pitágoras?

ALF – Estaría tentado de decir que sí. Pero hay que tener en cuenta que hay un Guénon «padre del esoterismo» y un Guénon «alumno del esoterismo». Como habría dicho Goethe, «dos almas vivían en su seno»: la del erudito que escribe y habla y la del iniciado «mudo». Su posteridad, creo, ha captado principalmente el primer aspecto, mientras que el segundo sólo unos pocos lo han comprendido verdaderamente y, en consecuencia, se han beneficiado de él. Los Guenonianos escolásticos han repetido fielmente la letra del maestro o han intentado hacerlo; los discípulos Guenonianos la han anquilosado acríticamente en fórmulas vacías. Creo que el Guénon iniciado sólo unos pocos lo han entendido. Y el iniciado ciertamente no habría querido que su nombre se antepusiera a la doctrina sagrada. Parafraseando a Juan el evangelista cuyo nombre Guénon adoptó, ciertamente no por casualidad: «Es necesario que Él crezca y que yo disminuya», lo que significa: mi mensaje y mi persona se han puesto al servicio de Dios, al servicio del Único y nunca ocuparán su lugar. Que lo recuerden aquellos a quienes Guénon idolatraba traicionando su verdadera proclamación.

BB – ¿Podemos decir entonces que los «padres» con «p» minúscula deben remitirse al Padre con «P» mayúscula para ser tales?

ALF – Sí, podemos decir eso. Y podemos añadir que no hay verdadero esoterismo fuera de esta subordinación jerárquica.

BB – Si se nos permite volver sobre ello, Aristóteles marcó a este respecto una *ruptura* con el que fue su maestro durante diecisiete años: Platón. Para este último, el mundo tiene una función icónica y su conocimiento sólo puede ser hipotético —«un mito verosímil», dice (*Timeo, 29d*)—, ya que la imagen visible remite a un Modelo invisible (*cf. Timeo*, 29d). De ahí todo posible conocimiento simbólico.

En cambio, Aristóteles adopta la perspectiva de una filosofía de la naturaleza, de una física que él también funda, pero en la que todo está dado y sólo debe ser interpretado.

ALF – Pero en Aristóteles hay un sobrenaturalismo de las formas inteligibles, es su «inteligencia viene de la puerta» (*De Generatione Animalium*, II, 3, 736 a, 27-b 12) y el intelecto agente «inmortal y eterno» (*De anima*, III, 5).

BB – Por supuesto, pero no el mundo como tal. El filósofo niega que el mundo inteligible se remonte al mundo visible, por eso puede fundamentar la ciencia: es la distinción ontológica radical entre el objeto a conocer y el sujeto que conoce lo que garantiza la objetividad de la ciencia. Al hacerlo, se permanece en el conocimiento hipotético-deductivo operado por la razón discursiva (*dianoia*); se permanece en el mundo de los conceptos, en el plano de la conceptualidad y en el ámbito de la ciencia, frente al conocimiento intuitivo del intelecto (*noesis*) que, según Platón, abre al mundo de las ideas o del sentido, al plano inteligible, la posibilidad de un verdadero conocimiento metafísico.

Esoterismo y esoteristas

VI

Una aventura en el esoterismo

Con una obra titulada Nella luce dei libri. Percorsi di lettura di un «cavaliere errante» (Ed. Solfanelli) *publicada en 2022, Aldo La Fata presenta, aunque indirectamente, a través de reseñas, un camino, un viaje, podríamos decir una aventura, hacia el esoterismo.*

BB – ¿Podría ilustrar su «aventura» en el esoterismo, esta vez no a la luz de acontecimientos personales (23), sino siguiendo los encuentros posteriores de libros clave?

1.   Panunzio, metafísico cristiano

ALF – Con mucho gusto. He mencionado los libros de Evola y Guénon y el encuentro decisivo para mí con la obra de Silvano Panunzio en particular con su *Contemplazione e Simbolo. Summa iniziatica orientale-occidentale* (Ed. Volpe, Roma 1976).

BB – ¿Qué tenía de especial?

ALF – El autor anunciaba la existencia de una Metafísica Cristiana, una Iniciación Cristiana y un Esoterismo Cristiano, y digamos que hasta ese momento yo había dudado fuertemente de que el Cristianismo poseyera estos elementos.

BB – ¿Y después de leer este libro se ha convencido?

ALF – Yo diría que sí. En este libro, Panunzio consiguió demostrar que el cristianismo era mucho más «que la religión que llegó a predominar en Occidente», como le gustaba decir a Evola...

BB – Me recuerda a mi tío, un cura con sentido del humor, que decía que una religión es una secta que ha tenido éxito...

ALF – El cristianismo es infinitamente más, decía Panunzio, con cofres rebosantes de tesoros. Sólo hay que abrirlos para asombrarse.

BB – Además de los libros de Panunzio, de los que sé que ha editado prácticamente todas las nuevas ediciones y recientemente dos en Francia, ¿se ha encontrado con otros autores como él en su camino?

2. Paolo Virio, un esoterista cristiano

ALF – Paolo Virio, nacido Paolo Marchetti (1910-1969). Descubrí sus libros en la famosa librería esotérica romana[54] «Rotondi», en Via Merulana, cerca de las dos grandes basílicas de San Giovanni in Laterano y Santa Maria Maggiore. Decisiva fue la lectura de *Pablo M. Virio: un ejemplo de vida*[55] , escrito por su esposa Luciana tras su muerte[56]. En ella, la vida de este desconocido esoterista cristiano se narraba como una apasionante novela. Allí estaban sus ideas, sus lecturas, sus estudios, sus encuentros con otros esoteristas contemporáneos suyos, pistas sobre el camino iniciático «binomial»[57] recorrido con convicción junto a su esposa. En definitiva, en ese texto el esoterismo salía de los libros y entraba en la vida real.

BB – Por la forma en que habla de él, me parece que aún hoy siente mucho respeto por este autor. ¿Es así?

---

[54] Amedeo Rotondi, también conocido por los seudónimos de Amadeus Voldben y Vico di Varo (1908-1999), abrió la librería a finales de los años treinta y después de casi un siglo increíblemente sigue en pie. Una longevidad comparable a la de la otra importante librería esotérica romana, la Aseq situada en Via dei Sediari, detrás del Panteón, que en 2024 cumplirá cincuenta años.

[55] Edizioni Sophia, Roma 1971.

[56] El libro fue reeditado en 2003 por Symmetry Editions.

[57] Alquímicamente, se llamaría «camino de dos vasos», tradicionalmente una forma de tantrismo cristiano.

ALF – Sí, puedo confirmarlo. Tiene que saber que después de leer ese libro decidí conocer a su autora, la Sra. Luciana Virio, nacida Adelina Sgabelloni (1904-2000), y rápidamente me convertí en su confidente y amigo.

BB – Pero, ¿se adhirió a su «escuela»?

ALF – No, porque en realidad no había escuela ni organización detrás. Entonces era soltero y tenía que haber estado casado con una mujer con las mismas convicciones e intenciones iniciáticas que yo[58].

BB – Sería interesante preguntarle por su amistad con la Sra. Virio, pero correríamos el riesgo de salirnos del tema. Así que le diría que volvamos a los libros, luego si lo desea puede añadir algo en el capítulo dedicado al esoterismo cristiano.

ALF – De acuerdo. Sin embargo, me gustaría mencionar un segundo libro, también editado por Luciana y que para mí fue tan importante como el primero: *Corrispondenza iniziatica*. No es casualidad que este texto saliera en una edición aumentada después del año dos mil para los tipos de Simmetría en un solo volumen junto con la biografía antes mencionada. Los corresponsales de Virio eran en su mayoría amigos interesados en su persona, que lo consideraban un maestro y en todo caso un auténtico y serio representante del esoterismo cristiano. Entre estos corresponsales se encontraba el conocido colaborador italiano de René Guénon, Corrado Rocco[59].

BB – ¿Y de qué hablaban en esas cartas?

ALF – De autores, libros y doctrinas esotéricas (su explicación de la «reencarnación» o metempsicosis, tan alejada de las banalidades y simplificaciones teosofistas que había leído hasta entonces, fue impagable), con juicios esclarecedores sobre figuras destacadas del esoterismo de los siglos XIX y XX: Evola (a quien conoció y trató personalmente), Kremmerz, Papus, Guénon, Schuon y otros autores

---

[58] El esoterismo cristiano de los Virios, según una reconstrucción de la pareja, se remonta hasta la primera cruzada, es decir, hacia el año 1000, pero por desgracia, que sepamos, no hay pruebas documentales de ello.

[59] Conocido estudioso del esoterismo, animador de las Edizioni Studi Iniziatici de Nápoles, en contacto con el metafísico de Blois, cuyos libros más importantes editó y tradujo al italiano.

famosos de esa vertiente.

BB – Confieso que nunca había oído hablar de Virio, pero por lo que dices parece un personaje digno.

ALF – Sin duda. Desde luego, en nuestros días su figura está muy desdibujada y sus libros (todos salieron póstumamente), aparte de los que he mencionado y que para mí fueron decisivos en muchos temas esotéricos, nunca podría sugerirlos como lectura imprescindible.

BB – ¿Otros libros importantes?

3. La ciencia de los magos

ALF – Para el esoterismo digamos «cosmológico», diría que dos textos verdaderamente capitales son *La Scienza dei Magi* de Giuliano Kremmerz y la obra colectiva *Introducción a la Magia* del Grupo Ur. Un libro entero no bastaría para comentar estas dos obras por sí solas.

BB – ¿Aún puedes decir algo al respecto?

ALF – Puedo intentarlo. Yo empezaría con Kremmerz. ¿Quién era? Nacido Ciro Formisano (1861-1930), es sin duda el esoterista y hermetista italiano más importante de los dos últimos siglos, el último eslabón de una cadena que se ha perpetuado a lo largo de los siglos hasta nuestros días: de Giambattista della Porta a Giordano Bruno, de Raimondo Di Sangro a Cagliostro, de Pasquale De Servis a Giustiniano Lebano. Y después de Kremmerz (tradición hermético-egipcia) continuamos con Rocco Armentano y Arturo Reghini (tradición pitagórica), con Giacomo Boni y Roggero Musmeci Ferrari Bravo (tradición romano-italiana).

BB – ¿Y entonces? ¿La «cadena» o «cadenas» —has mencionado tres orientaciones diferentes— se han interrumpido?

ALF – Difícil de decir, pero creo que no. Y en realidad se podrían mencionar también otros nombres de personas vivas, pero para no equivocar a nadie, me callaré.

BB – ¿Cuáles son los contenidos de *La Ciencia de los Magos*?

ALF – El subtítulo nos lo dice en pocas palabras: «Introducción a la ciencia de los magos: elementos de magia natural y divina».

60

Profusión, pues, de doctrinas herméticas, elementos de magia clásica, descripciones de «fenómenos y poderes ocultos», de mundos sutiles e invisibles, etc., etc. En resumen, un poco de todo lo que los modernos solemos imaginar asociado al esoterismo. Sin embargo, debo reconocer que la lectura de este *zibaldone*[60] me ha aclarado muchas cosas sobre el esoterismo. Sobre todo, comprendí cuáles son los lastres de los que el esoterista puede cargarse y de los que debería liberarse.

BB – ¿Es decir?

ALF – Los aspectos más propiamente mágicos en el sentido disuasorio y psíquico; los famosos «poderes» que sin duda uno puede adquirir a través de ciertas prácticas (y no bromeo cuando digo que son muy reales); la familiaridad con fuerzas impersonales que pueden apoderarse de la personalidad y desquiciarla, acabando quizá por alimentar pulsiones instintivas e irracionales que luego uno difícilmente puede gobernar.

BB – Un poco inquietante, ¿no?

ALF – ¡Sí, de verdad! (Risas). Puedes acabar en un manicomio o incluso peor.

BB – Pero si esto es esoterismo, ¡Dios no lo quiera!

ALF – En realidad se trata de antiesoterismo o de lo que he llamado falso o pseudoesoterismo.

BB – O incluso lo que se ha llamado ocultismo para distinguirlo. Uno, el esoterismo, está volcado hacia dentro y hacia arriba, el otro, con las fuerzas que hay que desarrollar y poner en práctica, está volcado hacia fuera y hacia abajo.

ALF – El problema es que en el universo cada fuerza, cada corriente, encuentra su opuesto y entonces cada Camino puede complicarse en un laberinto en el que uno acaba perdiéndose o cayendo en un abismo sin fondo. Pero me temo que esto se aplica a todo, incluso a las religiones más sagradas y espirituales como el budismo o el cristianismo. ¡¡Cuántos comportamientos erróneos surgen de la incomprensión de una Vía!!

---

[60]**N.d.E.**: Podemos interpretar el término italiano «Zibaldone» como «miscelánea» o «mezcolanza de escritos».

BB – En efecto, ¡sólo hay que pensar en el fanatismo o la explotación de los más débiles!

4. Introducción a la magia

ALF – Otro texto fundamental para mis estudios esotéricos como ya mencioné fue la obra colectiva editada por Julius Evola; *Introducción a la Magia de* Ur[61].

BB – ¿¡Magia otra vez!? (risas)

ALF – (Risas) En realidad sí y no, porque en este caso se trata de un material más heterogéneo. Se habla de magia, es cierto, pero hay mucho más. De hecho, me atrevería a decir que se trata de la obra más importante del siglo XX sobre esoterismo en todas sus posibles declinaciones, incluso religiosas, también metafísicas. No conozco nada en el mundo comparable. En estos libros (la edición italiana salió en tres volúmenes como la de Kremmerz) está el esfuerzo combinado de los mejores esoteristas del siglo pasado.

BB – Tal y cómo lo cuentas, parece que te fascinó.

ALF – Sí, en parte es así. Una vez leída esta obra, uno tiene la impresión de saberlo todo sobre el esoterismo, o al menos todo lo que necesita saber.

BB – ¿Quiénes eran los «esoteristas» que participaron en esta empresa editorial?

ALF – Se trataba de una asociación, una especie de cenáculo iniciático bastante heterogéneo, como ya he dicho, que había tomado el nombre de «Grupo de Ur». La expresión fonética «U-R» en caldeo y en rúnico hace referencia al fuego, al toro o incluso al carnero. Ur entonces, como todo el mundo sabe, también había sido el nombre de uno de los asentamientos habitados más remotos de la baja Mesopotamia, además de ser un prefijo en alemán que hace referencia a algo primigenio. Este grupo, formado por personalidades excepcionales, tenía su propio órgano de prensa cuyo título era precisamente «UR» (más tarde cambió a «KRUR»), y fue en esta revista donde

---

[61]**N.d.E.**: Véase edición en español: Ediciones Heracles, Buenos Aires, 1996.

aparecieron todos los artículos que pasaron a formar parte de los tres volúmenes de *Introducción a la Magia*.

BB – ¿Puede darnos algunos nombres de colaboradores?

ALF – La lista es larga e incluye también a católicos excéntricos como Guido De Giorgio, Nicola Moscardelli, Girolamo Comi; antropósofos ilustres como Giovanni Colazza —uno de los discípulos «directos» de Rudolf Steiner—, Aniceto Del Massa, Arturo Onofri (el poeta), Massimo Scaligero (este último era el hermano mayor de la esposa de Paolo Virio, Luciana); Francmasones y neopitagóricos como Arturo Reghini y Giulio Parisi; hermetistas paganos como Corallo Reginelli y kremmerzianos como Ercole Quadrelli. Incluso colaboró el padre fundador del psicoanálisis italiano Emilio Servadio. Y luego, por supuesto, estaba el animador más importante del grupo, junto con Reghini, el conocido Julius Evola.

BB – ¡¡Una buena «pandilla» sin duda!! (risas)

ALF – Sin duda alguna. (Risas) Quizá interese al lector saber que incluso una figura cultural aún joven pero ya muy activa, Giovanni Battista Montini, que más tarde sería Papa con el nombre de Pablo VI, llegó a preocuparse por esta «pandilla». Montini reseñó la revista con un juicio lapidario extremadamente negativo[62]. De ese juicio se desprende, desgraciadamente, la escasa familiaridad de la Iglesia de Roma y de sus «doctores» con ciertos temas límite.

BB – Este también será un tema de conversación cuando hablemos del esoterismo cristiano. ¿Otro hito importante en tu camino de lecturas esotéricas?

---

[62] La reseña apareció en el número 6 de la revista católica «Studium» (1928, pp. 323-324) bajo el título «A New Review».

5. Gustav Meyrink

ALF – Yo diría que *las* novelas de Gustav Meyrink[63] : *El Golem*[64]; *El Rostro Verde*[65]; La *Noche de Walpurgis*[66]; *El Dominico Blanco*[67]; *El Ángel de la Ventana de Occidente*[68]. Habría muchas consideraciones que hacer sobre estos libros y su autor, pero aquí me limitaría a decir que este escritor vienés, mejor que muchos otros autores, escritores y ensayistas que hasta entonces se habían ocupado del esoterismo, había comprendido, y yo diría intuido, sus verdades más esenciales, logrando transmitirlas con exactitud y casi sin alterarlas. En él se superan todos los fetiches y veleidades del ocultismo del siglo XIX. En resumen, Meyrink fue para mí un buen antídoto contra el bombo y platillo del falso esoterismo. Al menos para mí lo fue.

BB – Guénon, sin embargo, no estaría de acuerdo. Tengo entendido que no tenía buena opinión de este escritor.

ALF – Sí, soy consciente de ello. Recuerdo haberlo leído en su correspondencia con Evola. Evola como es sabido era un gran admirador de Meyrink y casi todas las traducciones de sus libros al italiano son suyas[69].

BB – Pero, ¿por qué crees que Guénon se llevó una impresión negativa?

ALF – Cuando Guénon leyó a Meyrink —o, al menos, lo intentó, porque creo que no llegó a leer ni un solo libro en su totalidad— ya había ido mucho más allá de ciertos temas y probablemente ni siquiera sintió la necesidad de volver a ellos. Vivía inmerso en atmósferas espirituales más límpidas y cristalinas y, desde luego, no se puede negar que los libros de Meyrink contienen bastantes elementos

---

[63]Gustav Meyrink, seudónimo de Gustav Meyer (Viena, 19 de enero de 1868 - Starnberg, 4 de diciembre de 1932).

[64]**N.d.E.**: Véase la edición española: Alianza editorial, Madrid, 2007.

[65]**N.d.E.**: Véase la edición española: Alianza editorial, Madrid, 2000. ,

[66]**N.d.E.**: Véase la edición española: Nadir, Valencia, 2012.

[67]**N.d.E.**: Véase la edición española: «El dominico blanco y cuentos escalofriantes», RBA coleccionables, Barcelona, 2022.

[68]**N.d.E.**: Véase la edición española: Valdemar, Madrid, 2006.

[69]Hoy en día, por supuesto, también existen otras traducciones.

perturbadores. Además, añadiría que Guénon nunca se interesó por las narraciones fantásticas ni por la ficción en general. Era intelectualmente excesivamente «más geométrico» para entretenerse ni siquiera con fines recreativos en sueños literarios.

BB – Creo que tienes razón. Hablando de novelas «iniciáticas», ¿has leído alguna vez las de Castaneda?

ALF – Sí, tres o cuatro textos si no recuerdo mal, pero confieso que nunca me ha interesado este autor tan alabado. No lo considero una etapa en mis estudios. Sé que es muy querido por los esoteristas actuales, pero nunca me ha gustado. Creo que me olió a trampa desde el primer momento. Pero claro, es sólo mi opinión y a lo mejor no vale para nada.

BB – Para mí cuenta.

ALF – Gracias, eres muy amable. Aparte de Castaneda y de la operación editorial que hay detrás, confieso que siempre he considerado el chamanismo una subcategoría del esoterismo y una forma salvaje y primitiva de esoterismo. El «chamanismo universal» es entonces una invención de Eliade que hay que tomar con pinzas. Evidentemente no quiero generalizar y mi juicio se refiere naturalmente a ciertas formas de chamanismo y no al chamanismo *tout court al* que reconozco también «cuartos de nobleza» como en el caso del chamanismo siberiano o de los indios americanos. Pero soy más un espíritu apolíneo que dionisíaco, y frente al *tam tam* siempre he preferido la música sublime de Bach.

BB – ¿Hay algún otro autor o libro que le gustaría mencionar en este breve repaso a su trayectoria lectora?

6. Goethe, Shakespeare, Dante

ALF – Oh Dios, habría tantos, pero quizás los que más han influido en mi camino han sido Goethe y William Shakespeare. Los considero verdaderos grandes maestros del esoterismo a los que colocaría en orden de importancia junto al gigante Dante Alighieri. Creo que quien quiera obtener una visión lo más profunda posible del esoterismo no puede prescindir de ellos. Con ellos estamos al nivel de Homero y

Virgilio, otros dos importantes «indicadores» en el camino iniciático para quienes puedan entenderlos y leerlos en su propia lengua. En su caso hablamos de «*vates*»[70] y para sus obras de literatura absoluta o como diría mi amigo Alain Santacreu[71] de «contraliteratura». Las enseñanzas que en mi opinión se pueden extraer de sus obras superan con creces toda la inmundicia pseudoesotérica producida en los últimos doscientos años. Y les diré que cualquiera que lea a estos autores acabará, tarde o temprano, tirando a la basura casi toda la literatura esotérica desechada que se ha producido en los dos últimos siglos. Ningún Papus y ningún Aleister Crowley podrán jamás estar a la altura de estos gigantes.

BB – ¿También buenos escolásticos?

ALF – Los mejores de la historia en mi opinión. Escolásticos que tenían el don de la verdadera inteligencia e inspiración, así como dotes excepcionales de escritura visionaria.

BB – Avanzamos a pasos rápidos hacia la conclusión de este capítulo. ¿Tienes algún otro «livre de chevet» del que quieras hablarnos?

7. Mircea Eliade

ALF – Terminaría con las novelas de Mircea Eliade. Después de las de Meyrink, son a las que más debo la comprensión del esoterismo.

---

[70]**N.d.E.**: Este término, que viene del latín, se usa en español para referirse a la cualidad de «inspiración» de aquellos a los que se pueden considerar como profetas o guías espirituales.

[71]Nacido de padres catalanes, estudió en la Facultad de Letras de Toulouse y practicó teatro en el Conservatorio de Toulouse. Fue actor y director en el Théâtre de l'Acte y más tarde en el Grenier de Bourgogne y el Théâtre de Bourgogne. Tras ser director de un centro cultural, se dedicará a la enseñanza. En 2000, crea la revista «Contreliterature». En 2005, dirigió la publicación de una obra homónima, La Contrelittérature: un manifesto pour l'Esprit, publicada por Editions du Rocher. La contraliteratura de la que es teórico «no es un movimiento artístico, sino un estado de ánimo reactivo y progresivo. Reactivo, porque se basa en una antropología espiritual del hombre; y progresivo, porque se basa en una positividad del tiempo». (Fuente: https://it.frwiki.wiki/wiki/Alain_Santacreu)

Hoy apenas se habla de ellas, y la estrella de Eliade, que brilló durante algunas décadas incluso en el firmamento de los «esoteristas», parece haberse apagado. Sin embargo, los libros de este increíble y prolífico erudito son un hito para la comprensión del mito y la religión. Pero Eliade dio lo mejor de sí mismo en sus novelas, que leo con avidez y que contienen muchas claves para entender el esoterismo; claves a veces inesperadas y sorprendentes. Son libros que aún hoy recomendaría a todos aquellos que quieran hacerse una idea no incorrecta ni engañosa del esoterismo, empezando por las novelas *Diecinueve rosas*[72] y *El secreto del doctor Honigberger*[73] y siguiendo por *Boda en el cielo*[74], *El viejo y el funcionario*[75], *El bosque prohibido*, *La serpiente*[76], *Otra juventud* . He aquí otro antídoto eficaz contra las trampas del falso esoterismo.

---

[72]**N.d.E.**: Véase edición en español: Kairós, Barcelona, 1999.

[73]**N.d.E.**: Véase edición en español: Anagrama, Barcelona, 1997.

[74]**N.d.E.**: Véase edición en español: Ronsel, Barcelona, 1995.

[75]**N.d.E.**: Véase edición en español: Laia, Barcelona, 1984.

[76]**N.d.E.**: Véase edición en español: Emecé, Buenos Aires, 1981.

Una aventura en el esoterismo

VII

Esoterismo y misticismo

¿Es el esoterismo necesariamente místico por naturaleza?
¿Es una característica mística un criterio de distinción,
si no de jerarquía, entre los esoterismos? He aquí algunas
preguntas para plantear a Aldo La Fata.

BB – En lo que se refiere a los misterios, como el enfoque esotérico, ¿tiene que adoptar necesariamente un carácter místico?

1. Místico. . .

ALF – Se trata de entender el significado de la palabra «misticismo». El italiano «mistico» —pero también su homólogo francés *«mysti-que»*— deriva del latín *mystĭcus*, derivado a su vez del griego antiguo *mystikós*, utilizado para indicar los misterios propios de los cultos iniciáticos, ya que *mýstēs* significaba «iniciado». A partir del siglo XVII, la gente empezó a relacionar la palabra con experiencias y hechos que podían adscribirse casi exclusivamente al ámbito de la religión y la fe.

BB – Pero luego el estudio comparado de las religiones ha devuelto al término toda su amplitud, ¿no? Hoy hablamos de «misticismo indio», «misticismo islámico», «misticismo budista», etc., etc.

ALF – Esto es cierto, aunque se corre un poco el riesgo de nivelar las diferentes experiencias religiosas, como si fueran la misma cosa.

Digamos entonces que a nivel del lenguaje común, cuando se habla de místicos o de mística, nadie piensa en el iniciado, sino que todo el mundo piensa inmediatamente en el halo religioso de la santidad y en sus éxtasis.

2.   ... ¿o misticismo?

BB – No tiene sentido distinguir entre mística y misticismo. «Misticismo» es una palabra, y por tanto una noción, reciente. No apareció en francés hasta 1804 en la obra de Henri-Benjamin Constant, y caracteriza precisamente ese hábito científico de agrupar en una sola palabra todo lo que más o menos puede relacionarse con ella, con el fuerte riesgo de heterogeneidad y confusión.

ALF – Esta es la nivelación que yo evocaba. De ahí las diferentes propuestas de los distintos estudiosos de las tradiciones religiosas. Por ejemplo, un historiador de la filosofía india como S. N. Dasgupta, que fue profesor de sánscrito y yoga de Mircea Eliade, hablaba de misticismo sacrificial (o védico), misticismo de *los Upanishad*, misticismo del yoga, misticismo devocional (*bhakti*) y misticismo devocional popular, y el misticismo del Absoluto en referencia a las diferentes formas y medios de alcanzar la realización espiritual. Se trata, por así decirlo, de cuál es el objeto de la experiencia mística.

BB – Pero estas clasificaciones se reducen en última instancia a una conceptualización de algo que sigue siendo misterioso e inefable. Los fenómenos místicos y la propia experiencia de la infinitud divina no pueden reducirse a material de estudio.

ALF – Exactamente. Y lo que se experimenta en la mística cristiana no es necesariamente lo que se experimenta en las tradiciones no cristianas. Siempre estamos hablando de algo que va más allá de la discursividad del pensamiento, pero ciertamente nuestro misticismo cristológico o lo que llamamos misticismo trinitario, no sé cuánto tiene que ver realmente con la «liberación en la vida» de los hindúes o el «despertar» budista.

3.   Misticismo espontáneo

BB – También en el campo de los estudios comparados de las religiones se ha hablado de un «misticismo espontáneo», es decir, que no va precedido de una iniciación (a través de un maestro o una escuela religiosa), ni de un método específico de meditación o del aprendizaje de una doctrina concreta. Es decir, de un misticismo que también puede realizarse por «iluminación súbita» o por una especie de «elección».

ALF – Como ves, Bruno, el discurso puede ampliarse y extenderse como la pólvora, y se corre el riesgo en algún momento de perder el sentido unitario del misterio, es decir, de la relación del hombre con aquello que le supera y trasciende.

4.   Misterio, esoterismo *y* religión

El misterio en la teología católica es aquella verdad que la razón no puede captar, comprender o demostrar, y que por esencia constituye materia de fe: los misterios de la fe como la acción santificadora de los sacramentos o los misterios marianos, etc. Pero la relación entre esoterismo y misterio parece mucho más estrecha en algunos aspectos. La palabra esoterismo es casi un sinónimo de la palabra misterio, mientras que la palabra religión no lo es. En este sentido, podríamos llegar a decir que el esoterismo es al misterio lo que la religión es a la mística, y que el misterio es a la iniciación lo que la mística es a la religión.

BB – Pero también están los que confunden misterio con secretismo...

ALF – ...y el misticismo con la experiencia psíquica o incluso psicótica.

BB – El misterio, recordaba François Chenique, no es en absoluto lo incomprensible, es sólo lo inexpresable, lo indecible y lo inefable.

ALF – Sí, hay que intentar devolver a las palabras su verdad y, para ello, llevarlas por un camino ascendente. Detenerse en los significados actuales es perderse lo mejor de las palabras.

BB – Y esta ruta ascendente, ¿no es la vía esotérica?

ALF – Sin duda. Si lo piensas, las más grandes mentes especulativas de todos los tiempos, tanto de Oriente como de Occidente, de Platón a Cusano, de Shankara a Nagarjuna, han utilizado siempre un léxico preciso, circunstancial, siempre elevado. Santo Tomás de Aquino, en su *Suma Teológica,* nos enseñó a interpretar todas las palabras de los Evangelios, devolviéndoles su sentido más verdadero y auténtico. El gran dominico comprendió que los términos de las Sagradas Escrituras, e incluso los puntos y comas, tienen una importancia decisiva para la comprensión de la fe.

BB – Entre los filósofos del siglo XX, quizá Heidegger sea el que más importancia dio a las etimologías. Pienso, por ejemplo, en su muy ponderado tratamiento del término griego «aletheia», que él traduce como «eliminación del oscurecimiento», o «desvelamiento». Ese *privativo alfa* aleja la verdad del misterio —«lanthano», «soy invisible, estoy oculto»[77]— y lo convierte casi en su opuesto exacto.

ALF – ¡Sí! La verdad como evidencia y el misterio como ocultación: el griego «mystérion», que se relaciona con el verbo «mýein», «cierro, serro». El misterio es tal hasta que es violado, eliminado. Cuando se elimina, es verdad. Su desvelamiento es lo que hemos llamado «experiencia mística», aunque la palabra experiencia no transmite la idea al referirse a algo que viene de dentro («ab intra» = de dentro) y no de fuera («ad extra» = al exterior).

BB – ¿Podríamos decir entonces que el esoterismo preserva el misterio allí donde la religión intenta explicarlo? Ahora mismo pienso en la inmensa obra de los Padres de la Iglesia y de los teólogos.

ALF – Yo diría que ambos tratan de preservar el misterio, aunque de maneras diferentes. La teología utiliza la palabra misterio muy a menudo: «misterio de la fe», «misterio sacramental», «misterio de la Santísima Trinidad», «misterio de la salvación», etc. etc. El esoterismo está más familiarizado con el «secreto», es decir, con contenidos o experiencias que no se quieren revelar para evitar malentendidos y confusión de planos: en esencia, es el «no des perlas

---

[77]Traducido al alemán como «verborgen sein», estar oculto, escondido.

a los cerdos» evangélico[78].

A veces las doctrinas esotéricas, las que por supuesto conocemos a través de libros sobre ellas, explican mucho más de lo que la religión explica a los creyentes. La religión siempre deja al creyente en el umbral del misterio, es más, le cierra el paso, no le deja entrar; el esoterismo cierra el paso al profano, pero al iniciado le abre la puerta de par en par.

BB – ¿Y la mística?

ALF – El misticismo —al menos para el cristianismo— es en efecto un cruce del umbral, pero digamos que sin haber tenido el consentimiento. Por eso el místico es visto casi siempre por la ortodoxia religiosa con vigilante sospecha. Las verdades adquiridas o conocidas son «personales» y, por tanto, intransferibles.

BB – ¿Podemos decir que el místico accede al misterio casi sin quererlo, por una gracia especial que actúa en él? Pero, ¿estamos entonces seguros de que se trata de pasividad?

ALF – En efecto, yo no diría eso. Suponiendo que haya pasividad, no hablemos de abulia o de inercia, sino de conciencia clara de la propia nada, de abandono confiado, de sumisión piadosa, de entrega sabia, de sumisión sublime. Llámenlo *humildad* si lo prefieren, o «no acción», por utilizar una expresión del taoísmo chino.

BB – Pero, ¿cuál es exactamente la relación entre esoterismo y misticismo?

5.   Esoterismo y misticismo

ALF – A primera vista, diría que los dos términos pertenecen a áreas semánticas no del todo opuestas, sino diferentes.

BB – Pero todos se refieren a la misma experiencia: la experiencia de algo, yo diría de una *cualidad*, que está más allá de nosotros mismos, «más allá del velo de maya», como dirían los hindúes. Decir que el enfoque esotérico tiene un carácter místico es, en mi opinión,

---

[78]Matteo, 7, 6.

dignificar el esoterismo y devolverlo al ámbito de lo sagrado o, como diría Guénon, «en la senda de la Tradición».

ALF – Sí, sin duda estoy de acuerdo. Al fin y al cabo, también podríamos hablar de esoterismo místico y de mística esotérica para marcar la distancia con el esoterismo mágico y el falso esoterismo.

BB – ¿Y el punto de convergencia preciso entre el místico y el esoterista?

ALF – La cuestión reside en el esfuerzo de ambos por eliminar lo accidental para llegar a lo esencial. Y en este punto ya no hay distinción entre un verdadero místico y un verdadero esoterista, sino identidad.

BB – Sin embargo, Guénon niega esta identidad y marca las diferencias de perspectiva. Para él, el místico aún no se ha liberado completamente de la individualidad, el esoterista sí.

ALF – En realidad, Guénon siempre ha dicho que es a partir de un determinado momento histórico, que él identifica aproximadamente en torno a la época del Renacimiento, cuando la palabra «misticismo» adquiere un nuevo significado, sobre todo religioso, por tanto esotérico, pero que antes de ese momento había tenido otro significado rastreable en las tradiciones mistéricas y, por tanto, en la iniciación. Era el nuevo «misticismo» lo que él veía como una forma de rebajamiento y alejamiento de la espiritualidad plena. Y en esto, como ya he tenido ocasión de decir, tenía razón.

BB – ¿Así que estás dispuesto a darle la razón por completo?

ALF – Sí, creo que se la puedo conceder. En el sentido de que la verdadera espiritualidad a partir de esos temperamentos históricos ha perdido, en efecto, algo en términos cualitativos y se ha «subjetivizado», por así decirlo (de ahí la Individualidad de la que el místico no puede liberarse). Y, por otra parte, basta con leer los textos de los grandes místicos del cristianismo hasta el siglo XVI y compararlos con los posteriores para darse cuenta de las diferencias nada despreciables. Desde esa etapa, el lenguaje del místico también ha cambiado: inefable, audaz y absoluto el de los primeros, emotivo, morboso y sentimental el de los segundos.

BB – Por tanto, hay discontinuidad.

ALF – Sí, sin duda, aunque nunca hay que generalizar. Cada época ha tenido excepciones que confirman la regla. Pienso, por ejemplo, en una gran santa como Teresa del Niño Jesús y de la Santa Faz, amada y venerada incluso en Asia. Y ciertamente no es la única.

BB – ¿Nos *centramos* más en la relación entre misticismo e iniciación?

6. ¿Misticismo o iniciación?

ALF – Así que..., tal vez podamos decir que el misticismo es una forma de experiencia iniciática en la que los ritos y las prácticas iniciáticas habían sido abolidos, borrados. Lo que sale por la puerta siempre acaba volviendo a entrar por la ventana.

BB – ¿Como ciertas «modas culturales» que pueden ser reediciones de mitos?

ALF – Precisamente. Como decía el mitólogo Károly Kerényi (1897-1973), la máquina mitológica está siempre en funcionamiento. Sólo que, desde mi punto de vista, «la máquina» no es un «Deus ex machina», sino un Dios generoso y providencial, por esotérica que sea esta definición.

BB – En cualquier caso, hemos aclarado la relación entre misticismo y esoterismo y reconocido que el verdadero esoterismo posee necesariamente un carácter místico. ¿Cómo concluiría esta entrevista?

ALF – Esperando no escandalizar a nadie, diré que en mi opinión el verdadero esoterismo es siempre religioso y que cuando no lo es, no es esoterismo. La dimensión vertical de lo religioso es, en mi humilde opinión, el verdadero esoterismo[79].

BB – Pero, ¿es lo mismo o no?

ALF – Utilizando una metáfora musical, diría que uno es vocal (misticismo), el otro es instrumental (esoterismo)... No son lo mismo, pero ambos contribuyen a crear sonidos y armonías que resuenan entre sí y con el Absoluto. Cuando interpretan simultáneamente la

---

[79]En este punto, los guenonianos discreparán e insistirán en que existe una diferencia de naturaleza entre esoterismo y religión.

misma línea melódica, coinciden; la dimensión vertical de lo religioso —lo místico— se encuentra y se solapa con la línea vertical de lo esotérico: lo esotérico se convierte en místico y lo místico en esotérico.

BB – Pero, ¿podrías darnos algunos ejemplos de esotéricos místicos y de místicos esotéricos y también de misticismo esotérico?

ALF – Prefiero dejar esta tarea a quienes nos leen, porque las fronteras entre una cosa y otra son muy difusas y no quiero que esta idea se convierta en un patrón, es decir, en una simplificación. Simplemente digo que ha habido esoteristas con temperamento místico y místicos con temperamento esotérico.

BB – ¿Puedes aclarar con más precisión lo que entiendes por temperamento místico y temperamento esotérico?

ALF – Por temperamento místico entiendo una disposición de ánimo dependiente del Centro del Corazón, por temperamento esotérico una disposición de ánimo dependiente del Centro del Intelecto. Volveremos a hablar de esto, pero quiero decir que cuando el lenguaje falla, uno se ve obligado a metaforizar, con la esperanza de elegir las metáforas adecuadas que aclaren y no confundan, porque no hay nada peor que el lenguaje equívoco.

BB – Estoy de acuerdo, pero me gustaría volver por un momento a dos imágenes que me parecen muy eficaces para representar el misticismo y el esoterismo: la voz y los instrumentos. ¿Puedes desarrollar esta idea?

ALF – Por supuesto. En música, la voz es el primer e indispensable «instrumento musical», el más instintivo. El misticismo es como la voz, es decir, es algo «natural» que siempre nos ha pertenecido, mientras que el esoterismo es como un instrumento producido por el ingenio humano, un «regalo de los dioses», como un artefacto, y hace falta cierta habilidad para poder tocarlo.

VIII

Esoterismo judío

*Muchos esoterismos están vinculados a una religión con-
creta. La originalidad de cada tradición exige que los
esoterismos respectivos se consideren por separado. De
hecho, los puentes o simples influencias entre religiones
—como puede demostrar, por ejemplo, la Cábala cristiana— son, por tanto, más una cuestión de historia que
de esoterismo propiamente dicho.*

BB – ¿Qué podría decirnos sobre el esoterismo judío?

ALF – Mientras tanto, hay mucha literatura sobre el tema, quizás
incluso demasiada.

BB – ¿Y eso es malo?

ALF – Pues bien, cuando una tradición esotérica sale demasiado del
armario, significa que se encuentra en una fase final de agotamiento
de su impulso inicial, cuando no incluso de desviación.

BB – Así que, de momento, como dirían los fenomenólogos, dejemos
a un lado el discurso de las «desviaciones», al que quizá volvamos
en los últimos capítulos de este libro, y vayamos a las raíces del
fenómeno.

1. Orígenes: la Merkavah

ALF – Ahí, ¡las raíces! Aquí ya tenemos un problema, porque lo que habitualmente se conoce como «esoterismo judío» se identifica casi exclusivamente con la Cábala, que en cambio surgió aproximadamente en el siglo XII, y si ése fuera el caso entonces tendríamos que estar de acuerdo en que se trata más de un abstruso artificio del pensamiento que de un verdadero esoterismo.

BB – ...más que de una abstracción, yo hablaría de una concepción iluminada e ingeniosa a la vez que mística y especulativa.

ALF – Estoy totalmente de acuerdo. Sólo las mentes más brillantes podrían construir una doctrina tan compleja y coherente. Pero la cuestión es si esta extraordinaria construcción especulativa tiene o no raíces en el judaísmo más primitivo y si estas raíces surgieron inmediatamente de la tierra o permanecieron ocultas y disimuladas durante mil años y más.

BB – ¿Y tenemos algún elemento «histórico» que pueda darnos pistas?

ALF – Ciertamente el misticismo de «Merkavah» también conocido como «misticismo del carro».

BB – ¿De qué se trataba exactamente?

ALF – La palabra hebrea *merkavah*, que en italiano se traduce como «carro», «carroza», deriva de la raíz consonántica r-k-b, que significa «montar». Las referencias se encuentran principalmente en el famoso libro del profeta Ezequiel, que se remonta al siglo VI a.C.

BB – ¿Por qué es famoso?

ALF – Porque cierta literatura pseudocientífica fronteriza conocida como «paleoastronáutica» ha hecho de ese personaje un abducido por extraterrestres y de la visión de la carroza un viaje en nave espacial[80].

BB – ¡Siempre es sorprendente ver cómo ciertas cosas pueden ser interpretadas de forma grotesca por los contemporáneos!

ALF – Exacto. Pero volviendo a nuestro «carro», éste hace referencia

---

[80]Aquí la referencia es principalmente a los libros del mitógrafo y ufólogo suizo que responde al nombre de Erich von Däniken (1935-).

al prestigio y la supremacía de la que gozaban los gobernantes en la Antigüedad. El «carro» era, de hecho, un signo de poder que otorgaba a su jinete una clara supremacía incluso en el combate. Luego todo esto se traslada a un plano superior y el carro del rey se convierte en el carro excelso de Dios, el carro de fuego, es decir, un vehículo celestial que simboliza la «gloria divina». Ezequiel lo describe como un carro con ruedas brillantes en movimiento, pero en realidad nunca lo llama «carro».

BB – ¿Y todo esto acabó interpretándose en clave esotérica?

2. Interpretaciones

ALF – Exactamente. Fue alrededor del siglo III o IV de la era vulgar, pero no se puede ser muy preciso. No todo está en la Biblia, porque estas doctrinas eran muy confidenciales y sólo unos pocos individuos tenían acceso a ellas, así que a veces el escritor, si era consciente de ciertas enseñanzas, se autocensuraba.

BB – ¿Así que cuando nos referimos al esoterismo judío tenemos que tener en cuenta que la literatura al respecto es sólo una reverberación?

ALF – ¡Así es!

BB – ¿Y en qué consistiría la parte oculta?

ALF – En la propia experiencia iniciática. La doctrina es sólo un soporte, un eco, por así decirlo, de lo que el iniciado experimentó y del grado de intensidad y penetración de las realidades vividas y experimentadas.

BB – ¿Puede decirse algo sobre estas experiencias iniciáticas a partir de los textos que disponemos?

ALF – Los textos describen «viajes al más allá» —se dice que Guénon hablaba de una especie de travesía y participación en los múltiples estados del ser— en los que el iniciado contempla el «carro celeste» que entonces no sólo es su vehículo sino que se convierte en el destino mismo del viaje iniciático.

BB – El arquetipo del viaje nocturno del sol...

ALF – Exacto. Lo que hoy llamamos «fenómenos naturales» era algo muy distinto para los antiguos. La naturaleza que se ofrecía a la mirada de los antiguos rebosaba de dioses. Por eso aún era posible contemplar su belleza como algo divino. Constantemente se descubrían analogías entre lo alto y lo bajo, entre el Cielo y la Tierra, entre el microcosmos y el macrocosmos. Y fue del descubrimiento de estas analogías de donde nacieron muchos esoterismos.

BB – Esoterismos que se reducen a especulaciones filosóficas o fantasiosas....

ALF – ¡Por supuesto! El esoterismo puede ser la «derivación» o la traducción en términos especulativos de un acto a la vez reflexivo, imaginativo, cognitivo y contemplativo. En este sentido podemos hablar de «ciencia sagrada». Todo en la naturaleza se remonta a sus raíces sagradas y sobrenaturales.

BB – Un «matrimonio» entre inmanencia y trascendencia, por decirlo en términos filosóficos.

ALF – Si queremos, también podemos decirlo así. Volviendo a nuestro esoterismo judío y a su «inicio» entre nosotros en forma de «misticismo del carro», no podemos dejar de reconocer aquí elementos que también pertenecen a otras tradiciones.

BB – ¿Estamos hablando de «préstamos»?

ALF – No exactamente. La idea de «tomar prestado» hace pensar en «copiar-pegar», mientras que aquí se trata de símbolos universales que resuenan en todas partes y se manifiestan por doquier sin necesidad de que nadie los tome prestados. Jung, que no es santo de mi devoción y cuyas teorías, como dijo Titus Burckhardt, hicieron quizá más daño que el freudismo, comprendió bien que los símbolos residen en otra parte (para él en el inconsciente) y que se manifiestan en todas partes con analogías y simetrías muy poderosas. Así que no hay que adelantarse a nada, sino hablar de un modelo original común a todas las tradiciones y a todos los esoterismos. Y este modelo se encuentra en el Cielo y no en la Tierra, y está fuera del tiempo.

BB – «Fuera del tiempo», entonces, ¿no podemos hablar de una Tradición primordial?

ALF – Si por «primordial» se entiende un comienzo, un origen en el tiempo, evidentemente no. De ahí las confusiones de algunos que sitúan ese «estado» en la prehistoria y hacen de Adán una especie de cavernícola iluminado por el Espíritu (risas). Y siempre a partir de este concepto erróneo surgieron todas las conjeturas sobre una supuesta ubicación geográfica del Paraíso Terrenal.

BB – Es un tema importante y volveremos sobre él. Ha dicho que la «mística del carro» también se encuentra en otras tradiciones, ¿cuáles?

ALF – Las referencias son innumerables, pero aquí, para contentar a los aficionados a la «arqueología espacial» (risas), basta con referirse al «vimana» del hinduismo, término que, según nos dicen los lingüistas, tiene considerables afinidades con el «merkavah» hebreo. «Vimana» significa a la vez «carro de los dioses», «vasija» y «palacio», en el sentido de edificio sagrado, y el simbolismo arquitectónico de «palacio celestial» también existe en el término hebreo[81].

BB – ¿Pero cuándo llegamos a la Cábala? (Risas)

3. La Cábala

ALF – Ya está, estaba llegando a eso (risas). La Cábala, oficialmente de la Edad Media, pero que, como he intentado decir, no es más que una segunda etapa del esoterismo judío, digamos una reedición de la misma, no hará más que profundizar y desarrollar los temas del «viaje hacia lo desconocido» que la «mística del carro» había descrito tan bien figurativamente[82].

---

[81]En la India, casi todos los dioses tienen sus propios «vehículos» especiales (*vahana*: nombre sánscrito neutro que significa literalmente «montura», «vehículo»): *Brahmā, por* ejemplo, cabalga sobre el inmaculado Cisne Blanco (*Hamsā*), *Garuda* sobre un águila, *Visnú* sobre un toro, *Agni* sobre un carnero, etc. Son metáforas que indican el descenso y el ascenso a la dimensión trascendente.

[82]Sobre el tema de la *Merkavah* informamos de lo que nos comunicó un especialista en tradición judía a quien damos las gracias: «La *Ma'assé Merkavah es* una tradición que no está realmente oculta, sino reservada a los entendidos, de hecho relacionada con el relato de la creación; pero en algunas tradiciones (jasídicas), la *merkavá* representa también a los tres patriarcas (Abraham, Isaac y Jacob), cada uno de los cuales encarna una de las tres sefirot *Hochmah*, *Binah*, *Tipheret*, como parte de la "obra de realización de la redención" que incumbe a todo buen judío, cada acto de obediencia a la ley de Dios lo convierte en un

BB – El propio término «Cábala», en su significado, parece estar de acuerdo contigo.

ALF – Cábala, cabbala, qabbaláh o kabbalah —se puede decir indistintamente de las cuatro maneras— significa literalmente «recibido», «tradición». Por tanto, está claro que se refiere a algo no inventado y recibido. Pero ¿recibido y transmitido por quién? Ciertamente podemos imaginar una tradición oral que se ha perpetuado a lo largo de los siglos —ni siquiera los historiadores pueden descartarla— y que muchos pasajes de la Biblia sugieren que existe desde la época en que se escribieron las Sagradas Escrituras. Todo el mundo habla de estas «tradiciones orales», incluso Platón, y realmente no hay razón para dudar de que existieran.

BB – Así pues, estas «tradiciones orales» recibieron un «revestimiento» exterior, es decir, empezaron a escribirse.

ALF – Exacto.

BB – Según esta idea, que también me parece correcta, los orígenes de la Cábala se pierden en la noche de los tiempos, lo que básicamente significa que pueden remontarse a Adán. Pero, ¿qué dicen los eruditos sobre las llamadas influencias «extranjeras»?

ALF – Entre los eruditos más famosos e importantes que siguen teniendo influencia hoy en día, citaría a G. Scholem (1897-1982) y M. Idel (1947), pero especialmente a este último. Idel, sin excluir elementos de origen exógeno, defiende una fuerte matriz judaica, que se traduce en ciertas doctrinas básicas, como las especulaciones sobre los nombres divinos, los dos principios de misericordia y severidad, el mesianismo, etc.

BB – Pero, ¿qué habría añadido la Cábala al «misticismo del carro»?

ALF – Sin querer generalizar ni simplificar demasiado, diría básicamente aspectos cosmogónicos. Filosóficamente hablando, la cosmología se ocupa del universo en referencia al espacio, el tiempo y la materia, mientras que la cosmogonía trata el tema del origen del universo y también hacia qué tiende. El «misticismo de los carros» era, en efecto, místico, teosófico y cosmogónico, por lo tanto plenamente esotérico, mientras que la Cábala es más especulativa y misteriosa.

"carro" para Su gloria».

BB – Parece difícil orientarse. ¿Puedes simplificarlo?

ALF – Así pues, yo simplificaría diciendo que la Cábala es una «ciencia», una «ciencia sagrada», pero sigue siendo una ciencia. Todo el discurso sobre el misticismo de los números y las letras, que es fundamentalmente su núcleo, se lleva a cabo con el rigor propio de una *forma mentis, es decir*, de una estructura mental que es a la vez matemática y lógica. Y todas las complicaciones resultantes, que sólo un «iniciado» puede afrontar y superar, están ahí para demostrarlo.

BB – Y todas las especulaciones sobre los ángeles, los nombres divinos, las profecías escatológicas, etc., ¿también se tratan «más geométricamente»?[83]

ALF – A veces lo son, pero no siempre. Aquí quizá deberíamos recordar que las fuentes escritas de la Cábala son innumerables, aunque los textos de referencia absoluta son dos: *El Libro de la Creación* (*Sefer Yetzira*) y *El Libro del Esplendor* (*Sefer ha-Zohar*) —especialmente este último—, que representan el compendio y la «summa» de las doctrinas cabalísticas medievales. Sin embargo, si existen traducciones de estos libros que puedan consultarse, en mi opinión, es muy difícil que alguien pueda ocuparse de ellos. Estos textos explican los aspectos alegóricos y anagógicos de la Torá, pero si uno no es judío y no sabe hebreo, acercarse a ellos puede resultar difícil, incluso para uno de nuestros eruditos bíblicos, por no hablar de un no experto.

4. El método cabalístico

BB – ¡Entonces será aún más difícil pasar del aspecto teórico al «práctico»!

ALF – ¡Sí! Y el aspecto práctico ciertamente no llega sin una «iniciación», sin guía y, en resumen, sin un maestro experimentado. E incluso entonces hay tanto trabajo por hacer que probablemente toda una vida no sería suficiente.

BB – Pero, ¿en qué consiste exactamente el método cabalístico?

---

[83]Traducción del latín: con orden geométrico.

ALF – La Cábala admite una multitud de fuerzas en la emanación de la divinidad, expresadas en diferentes nombres divinos como las diez *Sefirot*[84]. *Sefirot* es en hebreo el plural de *sephirah* de la raíz verbal hebrea *SPR* (contar) y de ahí el significado habitual de «enumerar», también traducido como «emanación». En realidad son los poderes creativos de *En Sof que se* encuentran en los cuatro niveles (*Atzilut, Beriyah, Yetzirah, Assiyah*)[85] y que se comunican entre sí.

BB – ¿Cómo encaja este concepto con la arraigada idea judía de la «unidad divina»?

ALF – En realidad, se mantiene la unidad suprema de Dios, pero es al mismo tiempo una unidad inmanente y trascendente. Dios se «derrama» en el mundo y en las cosas, pero sin ninguna modificación en él que comprometa su unidad. Aquí remito a los lectores a sus libros de metafísica que aclaran muy bien estos aspectos de lo divino que no son fáciles de comprender.

BB – Quedémonos en las diez *Sefirot*. ¿Por qué diez?

ALF – Porque el diez es el número de una totalidad. También lo era para los pitagóricos y no es casualidad que en la Biblia sea también el número de los mandamientos divinos. El discurso sobre la numerología en la Cábala sólo podemos insinuarlo porque de lo contrario nos llevaría demasiado lejos y éste no puede ser el lugar para una discusión que necesitaría un estudio específico que por lo que sé aún no se ha emprendido[86].

BB – ¿Te refieres a la gematría?

ALF – Exacto. A las palabras escritas en hebreo o incluso en arameo se les asignan valores numéricos que demuestran la existencia de una relación entre ambas. Pero estos métodos son muy sofisticados e incluso difíciles de explicar si no se tienen los conocimientos

---

[84]Véase el anexo A.

[85]Los cuatro mundos o estados de existencia: *Atzilut* mundo de la Emanación, del pensamiento divino; *Briya* mundo de la Creación, almas, entidades separadas; *Yetsirah* mundo de la Formación, de los ángeles; *Assiya* mundo de la Acción, de la existencia física, el más alejado de la emanación de la luz divina.

[86]Uno de los pocos textos que abordan el tema desde un punto de vista académico es *The Greek Qabalah: Alphabetic Mysticism and Numerology in the Ancient World*, de Kieren Barry, Weiser, 1999.

matemáticos adecuados.

BB – Y en cuanto a la interpretación de las Escrituras, ¿importan estos números?

ALF – Yo también diría que tienen una importancia decisiva. Aquí, sin embargo, puede ser útil recordar que el método cabalístico de interpretación de las Escrituras fue retomado por los Padres de la Iglesia cristiana y desarrollado especialmente en la Edad Media.

BB – ¿Te refieres al método literal, alegórico, tropológico (o moral) y anagógico de los «cuatro sentidos»?[87]

ALF – Sí, precisamente eso. El sentido «literal» corresponde al hebreo *pechat*, «simple», es el sentido primario al que se llega por simple razonamiento; el sentido «alegórico» corresponde a *rémèz*, «alusiones»; el sentido «tropológico» corresponde a *derash*, «exposición», que es la exégesis propiamente dicha; y, por último, el sentido «anagógico» corresponde a *sod*, que significa «misterio». Con este último se penetra en la Sabiduría divina (*Hochmah*) oculta en la Escritura. Es el sentido místico, la Sabiduría de la Tradición esotérica.

BB – Estos cuatro sentidos corresponden también a los cuatro grados fundamentales de la realidad.

ALF – Correcto. De abajo arriba o de la tierra al cielo: *Olam ha-Asiyah* (el «Mundo de los Hechos»); *Olam ha-Yetsirah* (el «Mundo de la Formación»); *Olam ha-Beriyah* (el «Mundo de la Creación») y *Olam ha-Atsiluth* (el «Mundo de la Emanación»).

BB – Me doy cuenta de lo extremadamente complejo que es esto, especialmente para aquellos que no participan directamente de ese conocimiento por cultura y tradición. Históricamente, ¿qué ha sido de este conocimiento?

---

[87]Del latín tardío *anagogĭcus*, gr. *anagōgikós*, d. de *anagōge* «elevación, inducción».

5.   Cábala luriánica, frankismo, sabbatismo

ALF – Alrededor del siglo XII, se crearon importantes escuelas en Provenza, Alemania y España que se convirtieron en centros de irradiación de la Cábala, pero con el tiempo, los aspectos especulativos y conjeturales se complicaron y tomaron el relevo de los «místicos» y «esotéricos», y así llegamos a los siglos XV y XVI con figuras ciertamente carismáticas pero también en cierto modo cuestionables y controvertidas, como Isaac Luria (1534-1572) y Sabbatai Zevi (1626-1676), ambos turcos, con los que la Cábala tomó un nuevo rumbo.

BB – Desde un punto de vista esotérico, ¿fue una pérdida o una ganancia?

ALF – En cuanto a la Cábala luriana que subyace en el jasidismo polaco del siglo XVIII de Baal Shēm Tōv, más que una ganancia fue una nueva forma más espiritual en un sentido amplio y religioso que esotérico o iniciático. Personalmente, siento mucha simpatía por este movimiento que ha inspirado a tanta gente buena y que con el paso del tiempo también dio excelentes frutos espirituales. Por otra parte, en lo que se refiere a Sabbatai Zevi, entre otras cosas convertido al Islam y por lo tanto considerado herético por los judíos, sospecho una inversión de polaridad y por lo tanto una caída. Estamos en este caso ante una forma de gnosticismo cerebral con elementos paradójicos e incluso peligrosos para la unidad espiritual de la persona. Y lo mismo puede decirse de las doctrinas de Frank Jakob (1726-1791).

BB – ¿No crees que sacar a colación el Frankismo y el Sabbatismo en el contexto del «esoterismo judío» es un error? Después de todo, los verdaderos cabalistas eran otros. ¿Por qué mencionar a los herejes?

ALF – Porque en el campo de los estudios esotéricos sobre la Cábala, estos dos personajes salen a relucir con frecuencia, y era bueno advertir de la calidad inferior de sus ideas. La existencia de estos personajes explica, entre otras cosas, por qué se tiende a confundir esoterismo con herejía.

BB – Sí, creo que tienes razón. ¿Algo más que quieras añadir?

ALF – Concluiría diciendo que el esoterismo judío es uno de los más complejos de comprender y estudiar y que esta complejidad depende también de su connotación fuertemente religiosa. Quiero decir que no es esoterismo puro, sino un camino intermedio, un mesoesoterismo.

Esoterismo judío

IX

Esoterismo islámico

El sufismo es bien conocido como la «vertiente» esotérica del Islam. Pero, ¿es el único esoterismo islámico? ¿Y el propio sufismo comprende sólo una rama? Aldo La Fata también aborda este tema con interés.

BB – El Islam, que apareció después del judaísmo y el cristianismo, ¿propone un esoterismo específico?

1. La lengua árabe e Ibn 'Arabi

ALF – En primer lugar, como todo el mundo sabe, hay muchos Islam, aunque normalmente, cuando se menciona esta religión, se piensa inmediatamente en el mundo árabe. Ciertamente, el árabe es la lengua litúrgica de los musulmanes y su libro sagrado, el Corán, está escrito efectivamente en árabe. Pero la lengua árabe ha sido y sigue siendo una lengua de las poblaciones cristianas, y la propia escritura árabe fue un invento de los cristianos. Por otra parte, el árabe está emparentado con el arameo, la lengua en la que probablemente se expresaba el propio Jesús.

BB – ¿Por qué es tan importante esta premisa sobre la lengua árabe para el tema que estamos tratando? ¿Cuál es la relación entre la lengua árabe y el esoterismo islámico?

ALF – Porque en ella juega un papel fundamental la «Ilm al-hurūf», la «ciencia de las letras». Ibn 'Arabī, el maestro más importante del esoterismo islámico, al que según mi clasificación personal podemos considerar un «escolástico» pero también un «padre» del esoterismo, escribió muchas páginas sobre el tema en su famoso tratado «al-Futūhāt al-makkiyya», *Las Revelaciones de La Meca* (1203-1240). Y ojo, este sabio era árabe-andalusí.

BB – Pero Ibn 'Arabī no es muy apreciado por la ortodoxia islámica, ¿o sí?

ALF – En realidad, sólo los miembros de la secta wahabí de Arabia Saudí son muy críticos con él, pero a nivel popular 'Arabī es muy querido. En resumen, sólo los fundamentalistas y los modernistas le critican, y yo diría «et pour cause». Los polemistas y los que se desvían de la doctrina y el camino correctos son ellos y, desde luego, no los admiradores del gran místico, que son la mayoría.

BB – Pero, ¿diría usted que Ibn 'Arabī está en el origen del esoterismo islámico o sólo fue un exponente del mismo?

ALF – Él también es un «eslabón de la cadena», es decir, tiene precursores, pero como intelectual, estudioso y escritor de esoterismo es probablemente uno de los más grandes de todos los tiempos[88].

2. Las mujeres en el esoterismo islámico

Quisiera aprovechar esta ocasión para desmentir un tópico sobre el Islam, según el cual las mujeres desempeñan un papel marginal en él. No es así en absoluto. Las mujeres ocupan un lugar destacado en los escritos de 'Arabī. Y no sólo eso. Según su propio testimonio, fue iniciado por una joven iraní llamada Nizham, cuyo nombre significa «Armonía» (claramente, un nombre iniciático). Y también está su estrecha relación con Fátima bint al-Muthanna, una sufí andaluza cuyo grado de elevación espiritual admiraba.

BB – ¿Quieres decir que existe una corriente femenina de esoterismo

---

[88]En las enseñanzas del sufismo, se cree que el propio Profeta está en el origen de la cadena de transmisión iniciática (en árabe: *isnad* o *silsilah*).

incluso en el Islam?

ALF – Sin duda. Pienso también en la gran figura de Râbi'a (fallecida hacia el 801), mística que celebró el amor puro que se anticipó en muchos siglos a las «damas de la caridad» de San Vicente de Paúl.

BB – Pero, ¿por qué el elemento femenino sería tan importante para el esoterismo?

ALF – Porque el esoterismo cuando es auténtico, incluso antropológica y metafísicamente hablando, no puede carecer de nada. El polo femenino debe tener la misma importancia que el polo «masculino», y esto en la historia del esoterismo islámico me parece muy evidente.

BB – Podríamos decir, actualizándolo, que la búsqueda de Dios, cuando es auténtica, no conoce discriminación de sexo.

ALF – Sí, ¡llamémoslo así! (Risas) Cuando hay una preponderancia del elemento masculino en un esoterismo, entonces definitivamente hay algo mal allí. He aquí otro criterio de discriminación[89].

BB – Sí, podemos aceptarlo sin reservas. Hasta ahora has hablado del esoterismo islámico, pero aún no has mencionado el sufismo.

3. ¿Misticismo islámico, sufismo o esoterismo islámico?

ALF – Normalmente se tiende a identificar la mística islámica con el sufismo y éste con el esoterismo como si fueran la misma cosa, pero no es así. Pueden converger en los fines, pero los medios son diferentes. En realidad no hay acuerdo sobre la palabra «sufí» (árabe «*suf*»), pero parece seguro que deriva de la «lana» de la que estaba hecha la túnica blanca que llevaban los monjes cristianos.

BB – ¿Así que el sufismo surgiría como una forma de emulación de los monjes cristianos?

ALF – Emulación, pero quizá también rivalidad: una especie de carrera hacia la perfección. Pero si así fuera, tendríamos que reconocer

---

[89]Ni que decir tiene que hay iniciaciones comerciales que, como ya hemos tenido ocasión de decir, son prerrogativa sólo de los hombres, sólo de las mujeres o de ambos.

que el sufismo nació ya con la tara del exclusivismo religioso, es decir, con la pretensión de pertenecer a una familia espiritual superior a las demás. Entonces estaríamos ante un esoterismo con connotaciones confesionales, étnicas, y por tanto un esoterismo disminuido, por así decirlo.

BB – ¿Pero tú crees que es así?

ALF – El esoterismo como forma de «conocimiento y amor a Dios» debería ser una declaración de fraternidad hacia todos los hombres sin distinción, por lo que, en mi opinión, allí donde el esoterismo islámico ha acentuado formalmente su exclusivismo religioso ha traicionado de hecho su mandato y ha renegado de su naturaleza iniciática. Y esto ha ocurrido en algunas circunstancias, y yo diría que principalmente en los tiempos modernos.

BB – Sin embargo, esto sirvió para proteger al esoterismo de la persecución y mantenerlo dentro de los confines de la ortodoxia religiosa.

ALF – Es cierto, gracias sobre todo a la obra de Abu Hamid al-Ghazali (1058-1111), que intentó, yo diría que eficazmente, «moderar» los excesos «místicos» y reconducir el esoterismo al redil del magisterio coránico.

BB – ¿Al-Hallāj (c. 857-922) lo hizo desviarse, entonces?

ALF – ¡«El Loco de Khurasan»! Uno de los más grandes sabios del Islam. En efecto, este notable personaje, al que el gran islamólogo Louis Massignon dedicó casi toda su producción literaria, fue el que más rompió con la ortodoxia religiosa formal. Profesó la doctrina de la *fana'*, la aniquilación del yo en lo divino, escandalizando a un buen número de espíritus devotos.

BB – Pero, ¿podemos considerarlo un esoterista?

ALF – Desde luego que sí. Era un verdadero «iniciado» y sus conocimientos tenían sin duda una relación directa con el Cielo. Tuvo muchos discípulos y, por tanto, sus enseñanzas circularon, pero no puedo decir si le sobrevivieron. Las torturas a las que fue sometido, que incluían flagelación, amputaciones y ejecución, lo asemejan mucho a nuestro Jesús[90].

---

[90]El amor extático y pleno de Al-Hallāj por Alá le habría llevado a gritar en

BB – Sin embargo, su injusto martirio marca un antes y un después.

ALF – Sin duda. Tras su condena, el sufismo siguió un camino más cauteloso.

BB – Sin embargo, sigue sin quedarme claro si, en tu opinión, el sufismo y el esoterismo islámico son lo mismo.

ALF – Digamos que sus historias se han cruzado a menudo y a veces se han compenetrado hasta el punto de ser inseparables. Siempre y cuando no se piense en el esoterismo como una filosofía o una doctrina o un sincretismo, sino como la esencia misma de la doctrina a la que se llega por medio de él. El mandato del esoterismo —incluido el islámico— es captar la esencia, el corazón, de una doctrina, no sólo mediante una exégesis anagógica y simbólica, sino también mediante un proceso de inmersión, una verdadera asimilación de la verdad divina. Cuanto más se acerca uno a esta verdad, más se encuentra en la esfera de influencia del esoterismo.

BB – Pero entonces un gran místico también podría ser considerado un gran iniciado.

ALF – Sí y no[91]. Al final se persigue sí, pero los medios son diferentes. Para el Islam, Dios lo es todo y la criatura debe aniquilarse ante Él. El esoterista no llega allí por la vía de la religión o del misticismo, sino a través de la contemplación de las maravillas de la naturaleza y del cosmos según una escala jerárquica que incluye lo visible y lo invisible. Por eso, según la idea que tengo del esoterismo —y subrayo que es desde una perspectiva que no tiene carácter científico ni histórico—, el gran maestro del esoterismo islámico, o como le apodaron sus alumnos «el maestro más grande» (*al-shaykh al-akbar*), es Ibn 'Arabi, más que al-Ghazālī o Al Hallaj.

4. Chiísmo duodecimano

BB – ¿Y el chiismo duodecimano?

---

público un imperdonable «Ana'l-Haqq». Yo soy la verdad, o «Yo soy uno con Allah».

[91] Técnicamente, Al-Hallaj estaba conectado a una *tarîqa* y, por tanto, regularmente iniciado.

ALF – Allí nos encontramos con una escuela maravillosa que tiene muchos puntos de conexión con el cristianismo.

BB – ¿Y hay alguna figura que lo represente?

ALF – ¡Sin duda, Suhrawardi (1155-1191)! Su nombre significa «habitante de Sohrevard», o «el que viene de Sohrevard». En su pensamiento resuenan elementos procedentes de la herencia zoroástrica, platónica e islámica, judeocristiana y también hindú. Aparentemente, por tanto, un sincretismo, pero un sincretismo ilustrado, por tanto, en cierto modo, un esoterismo en toda regla. Henry Corbin (1903-1978) ha escrito extensamente sobre ello, y debemos remitir a sus libros a quienes deseen profundizar.

BB – ¿En qué consistía la enseñanza de este profesor?

ALF – Suhrawardi había desarrollado el tema de una «fisiología del hombre» de la luz. Pero, como es evidente, no se trataba sólo de una «doctrina» o de una filosofía abstrusa. Detrás de esta «doctrina» hay un simbolismo muy rico y una experiencia muy real de la luz. En resumen, el esoterismo resurge en su aspecto antropológico, cósmico y divino al mismo tiempo.

BB – ¿Así que Suhrawardi también es un «padre» del esoterismo?

ALF – Padre y escolástico, sí. Y también debemos recordar como tercer polo irradiador la figura a menudo olvidada, de la que se habla poco en Occidente, de Haydar Amuli (+1390 circa), también oriundo de Irán y autor de numerosos textos. En él también hay una soldadura entre la doctrina islámica y la sabiduría teosófica de los antiguos persas, y de él se derivarán numerosas hermandades imamitas sufíes.

BB – ¿Son las «fraternidades» organizaciones esotéricas?

ALF – Digamos que a partir del siglo XII. Pero en realidad la cofradía fue la forma ideada por la ortodoxia islámica para regimentar el esoterismo. Los aspirantes empezaron entonces a ser demasiados y surgió la necesidad de una regla y una jerarquía. De ahí el término árabe *tariqa* (plural *turuq*) que significa «vía», «camino». Entonces sucedió que cada cofradía, para atraer al mayor número de adeptos, acabó estableciendo su propia «cadena iniciática» (*silsila*).

BB – Hablas de ello como si fuera una traición al esoterismo, ¿o no

94

me equivoco?

ALF – No te equivocas, pero incluso en este punto uno es libre de discrepar, y ciertamente un individuo de fe islámica estaría muy en desacuerdo, y por supuesto un guenoniano también. La mía, sin embargo, debe quedar claro, no es una crítica, sino simplemente una observación sobre el carácter institucional de esta forma de esoterismo. Este carácter ha acabado creando —pero repito sobre todo en la época moderna— fenómenos de fanatismo en los propios adeptos de las cofradías. Y como he intentado demostrar repetidamente, el fanatismo tiene poco que ver con el esoterismo. Luego hay que reconocer que las prácticas y obligaciones del culto y el camino espiritual dan muchos buenos frutos dentro de estas órdenes. Esto es indiscutible.

5. Las prácticas

BB – ¿Cuáles son las prácticas de estas «órdenes»?

ALF – En primer lugar, recordaré el *dhikr*: es la práctica más importante y más extendida y consiste en la repetición constante de ciertas jaculatorias, pronunciadas individual y colectivamente, acompañadas de movimientos corporales. Luego está la escucha del Corán salmodiado, de poemas místicos o de música, acompañada o no de danza.

BB – Esto nos devuelve a Rumi y a los derviches danzantes.

ALF – Sí. Lástima que los derviches se hayan reducido a un fenómeno folclórico y que Rumi se haya convertido en un fenómeno literario. En ambos hay verdadero esoterismo. Para ambos, la realidad es un símbolo que hay que contemplar.

BB – ¿Hay algún texto de Rumi que quieras sugerir?

ALF – Sin duda, el poema en persa «Masnavī», más conocido como *Masnavī-yi Ma'navī* («Masnavī espiritual»)[92]. Se trata de una obra que ha sido calificada como un «Qur'ān en lengua persa» traducido

---

[92] Seis libros que recogen 424 relatos alegóricos sobre la condición del hombre en busca de Dios.

a casi todos los idiomas.

BB – Habría muchas cosas que añadir, pero debemos detenernos aquí.

X

Esoterismo cristiano

En dos milenios de cristianismo han aparecido en Europa innumerables esoterismos. ¿Cómo abrirse paso entre ellos y comprender tanto su diversidad como su eventual unidad? Hay muchas diferencias entre los esoterismos católico y ortodoxo, pero ¿puede existir un esoterismo protestante? He aquí algunas preguntas que merecen una aclaración por parte de Aldo La Fata.

BB – La primera pregunta que me gustaría plantear es la siguiente: ¿ha existido realmente el esoterismo cristiano o se trata, como ha escrito el erudito italiano Pier Luigi Zoccatelli, de «una liebre rumiando»[93] ?

1. ¿Esoterismo cristiano o gnosticismo?

ALF – No quisiera contradecir a Zoccatelli, que es un estudioso serio al que respeto profundamente y al que debemos estudios históricos verdaderamente fundamentales sobre el gran simbolista e iconógrafo cristiano Louis Charbonneau-Lassay (1871-1946), pero en realidad

---

[93]Se trata de la obra de Zoccatelli, sociólogo y ensayista italiano, vicedirector del Centro de Estudios de las Nuevas Religiones de Turín, *Le Lièvre qui rumine. Autour de René Guénon, Louis Charbonneau-Lassay et la Fraternité du Paraclet. Avec des documents inédits* (Archè, Milán, 1999).

la liebre es un rumiante, aunque atípico. Así pues, me permito responder que sí, que ha existido, y tal vez siga existiendo, un esoterismo cristiano, aunque atípico.

BB – ¿Atípico en qué sentido?

ALF – En primer lugar, en el sentido de que históricamente es más difícil de identificar y, en segundo lugar, porque la Iglesia Católica lo ha convertido en el equivalente de una herejía.

BB – ¿Se refiere al «gnosticismo cristiano»?

ALF – Sí, precisamente a este. Ya hemos hablado de ello y aquí me gustaría reiterar que el gnosticismo, en la medida en que ha entrado en competencia con la Iglesia, nunca ha sido un esoterismo ni *de iure* ni *de facto*. El esoterismo no es otra religión, una pseudorreligión o una contrarreligión. El verdadero esoterismo nunca se ha propuesto, ni siquiera dialécticamente, oponerse a una religión tradicional. El esoterismo, en resumen, nunca ha sido una secta y ni siquiera, a nivel teórico, una ideología. Estas cosas son exactamente lo contrario del esoterismo.

BB – Entonces, ¿los cátaros, albigenses, bogomilos, paulicianos, arios, maniqueos, etc., no son organizaciones esotéricas?

ALF – ¡Ni hablar! Pero, como suele decirse, no quiero tirar el trigo junto con la paja. En todos estos movimientos había sin duda aspectos esotéricos, pero divorciados de su contexto original y entremezclados con elementos espurios de los más diversos orígenes. A todo ello podemos dar sin duda el nombre de sincretismo religioso.

2.   Sincretismos

BB – El sincretismo era una moda y tal vez lo siga siendo....

ALF – Es cierto. Nuestro buen erudito Elémire Zolla lo ha ensalzado, casi ha hecho de ello un manifiesto en sus libros, pero mi impresión es que el sincretismo no es muy distinto del dogmatismo allí donde se radicaliza, y que su relativismo esotérico o mistificador no es muy distinto del relativismo fideísta o del relativismo racionalista. Es un «crisol», es decir, un «caldero» cuyo resultado es la coexistencia de elementos tan diferentes que al final uno anula al otro. El hecho de que haya quien consiga sacar provecho de todo esto, incluso espiritual, no significa que sea bueno en sí mismo.

BB – Ya veo. ¿Puedes dar ejemplos históricos de este sincretismo religioso en el ámbito cristiano aparte de los ya mencionados gnosticismos de todo tipo?

ALF – Sin duda. El adalid de este esoterismo sincrético o sincretista fue sin duda Pico della Mirandola[94]. En este auténtico genio del Renacimiento confluyeron orfismo, pitagorismo, caldeanismo, hermetismo, neoplatonismo, etc. etc. Pero el resultado final fue que del cristianismo quedó muy poco. Y lo preocupante fue este vaciamiento del elemento cristiano que iba bien con la reducción de lo esotérico a lo mágico introducido de contrabando como «scientia naturalis». Incluso la referencia al «secreto» tiene en Pico una connotación equívoca. Sin embargo, Pico sigue siendo un gigante y se cree que murió cristianamente. Por tanto, no pretendo criticar ni su obra ni su pensamiento, sino sólo decir que Pico nunca representó el esoterismo cristiano.

3.   ¿Jesús esenio?

BB – Empecemos entonces a entrar *in medias res*[95]. Si no le importa, yo empezaría por Jesús. ¿Le convence la hipótesis de que era esenio?

ALF – La de un Jesús «gran iniciado» fue una hipótesis que salió de la pluma imaginativa de Édouard Schuré (1841-1929) en los siglos XIX y XX. Más tarde, sobre todo tras los famosos hallazgos arqueológicos del yacimiento de Qumrán, comenzó a airearse la hipótesis de un Jesús esenio. Los esenios recordaban a los pitagóricos y también a los *thiasoi*, las unidades de culto de los misterios órficos. También se habla de una comunidad afín, la de los Terapeutas[96] e incluso hay quien ha propuesto la hipótesis de una derivación de

---

[94]Fue alumno del gran filósofo y humanista Marsilio Ficino (1433-1499).

[95]En medio de la cosa, del argumento"(Horacio, *Ars poetica*, v. 148).

[96]Fue Filón de Alejandría quien asimiló esta secta judía helenizada a los esenios (véase su *De Vita Contemplativa*).

éstos de la Orden Budista Theravada también llamada Theraputra o Theraputta, palabra aparentemente afín a la de Terapeutas[97].

BB – Pero, en tu opinión, ¿son creíbles todas estas hipótesis?

ALF – Hay muchas pruebas, incluso históricas y documentales, pero nada parece seguro. Sin duda existen afinidades entre las enseñanzas de Jesús y las promovidas por estas hermandades, pero hablar de una derivación o de una verdadera filiación es una hipótesis descartada por la mayoría de los estudiosos, incluso no cristianos. Suponiendo que Jesús estuviera vinculado de algún modo a estas organizaciones esotéricas, debió distanciarse de ellas en algún momento.

BB – Pero, en su opinión, ¿eran los esenios y los Terapeutas organizaciones iniciáticas?

ALF – Sí, ciertamente lo eran, pero probablemente ya estaban infiltrados por errores de todo tipo, como el exceso de celo, que como ya he dicho es una actitud muy poco esotérica y un indicador de inmadurez espiritual. Como los esoteristas desviados tan atacados por Jesús: los fariseos.

BB – ¿Eran los fariseos esoteristas?

ALF – Por supuesto. En hebreo *perushim* (en griego *pharisàioi*) significa «separados». Eran los ultra-observantes de la ley mosaica. Esto ya era un exceso, luego se corrompieron al unirse al Sanedrín, una especie de senado judío. Se convirtieron en una especie de «grupo de poder». De ahí la crítica de Jesús hacia ellos.

BB – Me parece que insistes mucho en que el sectarismo en todas sus formas es la negación del esoterismo.

ALF – ¡Mucho peor! Es la inversión del esoterismo.

BB – Pero entonces, ¿qué relación ves entre la figura de Jesús y el esoterismo?

---

[97] Cf. «Gesù. Un mito solare. Esegesi allegorica dei Vangeli» de Pier Tulip Ed. Formamentis, 2019. El autor retoma las tesis del historiador Dean Henry Milman (1768-1868), convencido de que los Terapeutas derivaban de las «fraternidades contemplativas e indolentes» de la India.

4.   Jesús y el esoterismo

ALF – Jesús es la línea divisoria. Él marca la frontera entre un antes y un después. Antes de Jesús, el esoterismo transmitía la pureza de la doctrina, la conexión con las realidades espirituales más elevadas y los medios para alcanzarlas. Después de Jesús el esoterismo sufrió un proceso de caída vertical, de rebajamiento, de pérdida del Centro, pero también de renacimiento a una nueva vida. Nueva vida que cuando se dio, se dio siempre en Cristo y nunca fuera o contra él. Este es el discriminador supremo. Un esoterismo que no reconoce el Logos o que lo confunde con los *logoi* es un falso esoterismo. Quien comprende los *logoi asciende* al *Logos*, este es el verdadero esoterismo.

BB – Pero, ¿el Logos del que hablas es ese Cristo, el Verbo de Dios hecho hombre, del que habla nuestra Iglesia?

ALF – Por supuesto que sí, sólo que la Iglesia lo limita a su horizonte identitario, mientras que la perspectiva esotérica lo ve en un horizonte más amplio. La dimensión divina no puede ser circunscrita por nada, ni siquiera por la religión; y la tarea de la religión, si acaso, es dar a cualquiera las herramientas para ir más allá. Por eso fue «fundada»: no para encarcelar a los hombres, sino para liberarlos de las prisiones.

BB – Pero, ¿no corre este discurso el riesgo de relativizar la religión y las religiones?

ALF – Todo lo contrario. La religión se relativiza si la vemos como un hermoso cofre cerrado. Sabemos que ese cofre contiene tesoros de valor incalculable, pero se nos impide disfrutar de ellos. Creo que con el Vaticano II, la Iglesia invitó a todos los cristianos a abrir de par en par ese cofre para disfrutar de sus tesoros. Y por eso hoy podemos hablar libremente, sin incurrir en graves sanciones disciplinarias y sin pasar por herejes, del esoterismo cristiano.

BB – No quiero parecer insistente (risas), pero todavía no nos has dado ninguna pista precisa sobre dónde se encuentra el esoterismo cristiano.

ALF – ¡¡No las di porque no pertenece a ningún sitio!! (risas). Estoy bromeando, pero no tanto. No quiero dar la impresión de ser demasiado reticente, pero en realidad estamos ante algo muy escurridizo, digamos indicios, pero como dicen los ingleses, nos falta la *smoking gun*.

BB – Bien, entonces danos algunas pistas.

ALF – Ya he dicho que Jesús no fue un «gran iniciado», pero ahora, contradiciéndome aparentemente, diré que Jesús fue también el mayor iniciado de toda la historia conocida. Como ves, no le quito ninguna de las cualidades que la Iglesia le atribuye, si acaso le añado otra. Y como con la escuela de Pitágoras (risas) no me da miedo sumar, diré también que Jesús es el Polo del esoterismo y la iniciación.

BB – Un esoterista *a deo* y *ex nihilo*, ajeno a una tradición esotérica.

ALF – Siendo el Polo no lo necesitaba, pero fue bautizado por el Bautista, así que una iniciación recibió.

BB – ¡Fue una teofanía![98]

ALF – Por supuesto. Y luego estaba también la «presentación en el templo» (*cf. Lucas* II, 22-23), cuando Jesús fue consagrado al Señor según la ley judía (*Levítico* 12, *Éxodo* XIII, 12-15). Lo cierto es que ninguna iniciación es excluyente. Las iniciaciones pueden sumarse sin perjuicio. Como sabes, ¡uno puede ser sufí y masón al mismo tiempo! (risas) Quiero decir que Jesús era un iniciado y lo que ocurrió en Pentecostés sólo podía ocurrir porque Jesús era el Polo de todas las iniciaciones.

BB – ¡Ahí se abre el cofre! Entiendo que reconoces en el cristianismo primitivo una verdadera naturaleza iniciática. Pero, ¿se ha perdido esta naturaleza, como quiere, por ejemplo, Guénon?

ALF – Digamos que se ocultó. Alrededor de Cristo se reunieron no sólo las llamadas «masas populares», sino también discípulos predilectos como Pedro, Santiago y Juan, «seguidores» secretos como Nicodemo, José de Arimatea, Lázaro y sus hermanas, etc. etc., en disposición de círculo concéntrico.

BB – ¡Apuesto a que ahora me vas a sacar a relucir la iglesia de

---

[98] «Se abrieron los cielos y descendió sobre él el Espíritu Santo en forma corporal, como de paloma, y se alzó una voz desde el cielo: "Tú eres mi Hijo amado: en ti me complazco"» (*Lc* III, 22).

Juan! (risas)

ALF – Allí, si te hablara de una Iglesia de Juan, una Iglesia invisible, tan querida por los protestantes, paralela a la Iglesia visible de Pedro, tendrías razón en reír o sonreír, pero no te hablaré de esta «estructura secreta» de este *Servicio Secreto de Inteligencia al servicio* de su majestad Jesucristo. (risas) No, te hablaré del hecho de que Juan era efectivamente «uno a quien el Señor amaba» (*Jn.* 13:23; 19:26; 20:2; 21:7, 20), de que Jesús hablaba en parábolas y de que la explicación de las parábolas tenía lugar en privado. Lucas, capítulo 8, versículos 9-10: «A vosotros se os ha dado a conocer los misterios del reino de Dios, pero a otros se les proponen en parábolas, para que vean sin ver y oigan sin oír». (*Lucas* 8:10).

5. Esoterismo y exoterismo

BB – Pero hay otros tantos pasajes en los Evangelios que demuestran el pleno esoterismo de la revelación cristiana. ¿Cómo se explica esto?

ALF – Lo explico con Pavel A. Florensky (1882-1937), una de las figuras más significativas y sorprendentes del pensamiento religioso ruso, que en su obra maestra *La columna y el fundamento de la Verdad. Ensayo de teodicea ortodoxa en doce cartas*[99], observó que el exoterismo y el esoterismo sólo son conciliables en la vida cristiana más íntima.

BB – ¿Podría significar esto que, como ha intentado demostrar Jean Borella, en el cristianismo, esoterismo y exoterismo son inseparables?

ALF – Ciertamente, también es posible verlo así. El exoterismo podría ser una especie de banco de pruebas que, si se experimenta en su totalidad, permitiría acceder a un nivel superior de conciencia. Entonces no habría necesidad de postular la existencia de dos Iglesias o de dos vías complementarias, sino de una sola, dentro de la cual es posible recorrer todo el camino hasta la meta suprema.

BB – Pero entonces, ¿por qué habría esoterismos cristianos explícitos? ¿La existencia histórica de estas realidades no contradice tu

---

[99]**N.d.E.:** Véase la edición en español: Ed. Sígueme, Salamanca, 2024.

suposición?

ALF – Creo que el esoterismo cristiano nunca necesitó establecerse como tal, sino que se manifestó en forma de esoterismo religioso. El esoterismo religioso fue consciente de ello hasta cierto momento de la historia y luego lo olvidó hasta el punto de rechazarlo y repudiarlo. Pienso en la fórmula de Silvano Panunzio (1918-2010): el exoterismo como esoterismo del esoterismo. Al no tener carácter institucional, el esoterismo cristiano siempre puede reaparecer porque su existencia está garantizada por la relación entre el centro y la periferia, por la relación jerárquica y filosófica de sus miembros organizados no en sucesión lineal sino en círculos concéntricos intersecantes y dinámicos.

6. Esoterismo cristiano y masonería

BB – Muy convincente. Pero entonces los Templarios, los Fieles del amor, el Compañerazgo, la Masonería, y las relaciones establecidas incluso por el clero con tales organizaciones, ¿cómo se explican?

ALF – Estas organizaciones tenían la misión de complementar y apoyar el verdadero esoterismo. Los que entraban en el radio de acción de estas organizaciones y eran cooptados y afiliados a ellas en un momento dado o incluso al final de un camino iniciático muy complejo, volvían a la simplicidad de la fe, pero lo hacían transformados.

BB – Entonces, ¿estas organizaciones no constituían una desviación en el camino?

ALF – Lo eran si se las tomaba en sí mismas, como organismos autónomos e independientes en relación con la religión tradicional. Su fin-extinción está ligado a su pretendida autonomía y a su contaminación con el poder. Un poco como les había ocurrido a los fariseos. Así se explica el trágico final de los Templarios y así se explica la desaparición de los Rosacruces o su «huida» a Oriente; y para la Francmasonería y el Compañerazgo, el paso de lo operativo a lo especulativo.

BB – Pero entonces, ¿hay que tirar por la borda todos estos esoterismos cristianos?

ALF – Por supuesto que no. Pero, ¿qué queda hoy de estas organizaciones? Poco más que nada. Residuos de los que conviene distanciarse. Pero ciertos símbolos y ciertas enseñanzas siguen ahí y cualquiera que tome conciencia de ellos puede aprovecharlos de alguna manera. De la masonería, por ejemplo, se puede decir que es un arca de símbolos. Y es cierto. Pero unirse a ella, formar parte de ella, es harina de otro costal.

Se entra en contacto con un mundo que durante trescientos años ha sido hostil al catolicismo, por mucho que algunos clérigos hayan formado y sigan formando parte de él. Además, existe una grave contaminación con el ocultismo de los siglos XVIII y XIX.

BB – ¿Así que descartarías la posibilidad de que un católico fuera masón al mismo tiempo?

ALF – No me siento capaz de excluirlo del todo. Es posible, pero mientras se mantenga la opinión negativa de la Iglesia, creo que no es conveniente.

7. Esoterismo cristiano y neoplatonismo

BB – Ha mencionado algunos esoterismos cristianos, digamos los más conocidos por el gran público, pero con olor a herejía, ¿quizá había otros más ortodoxos?

ALF – El cristianismo ha sido influenciado e incluso diría que irradiado por la corriente neoplatónica. La teología en particular se ha visto fuertemente influenciada por ella. Incluso en nuestros días, el neoplatonismo ha tenido y tiene ilustres representantes. Pienso en Vittorio Mathieu, Werner Belerwaltes, Pietro Prini, Giovanni Reale y sin duda en Jean Borella (1930).

BB – Sin embargo, estamos hablando de filósofos profesionales, por así decirlo, no de esoteristas.

ALF – Estamos hablando de una comunidad de personas que se inspiran en uno de los mayores hitos del esoterismo. Como ya he dicho, el esoterismo cristiano se compone de círculos concéntricos e incluso algunos filósofos y teólogos forman parte de él, tal vez inconscientemente, pero ellos también aportan su contribución a la causa del esoterismo. No es sólo una atracción por una forma particular de pensamiento, sino que a ciertos niveles es también una forma de hermanamiento y comunión espiritual. Es entrar en ese río cárstico que nunca ha dejado de fluir desde la noche de los tiempos.

BB – Pero en este caso, volviendo a las categorías que mencionabas, ¿es escolástica o escolasticismo?

ALF – Yo diría escolasticismo sintónico, porque también existe el escolasticismo distónico.

BB – ¿Otra subdivisión?

ALF – Sí. Nos señala la existencia de una categoría de personas que pueden compararse a los llamados «gramáticos» de la escuela de Alejandría. Los «gramáticos» eran los eruditos encargados de restaurar, leer, explicar e interpretar los textos clásicos. Eran, en definitiva, eruditos —hoy los llamaríamos «críticos literarios»— que desempeñaban un papel erudito, pero «sintónico», de conexión entre la sabiduría y el conocimiento. Los eruditos distónicos, en cambio, son aquellos que carecen, como habría dicho Guénon, de «cualificación intelectual», y que son incapaces de hacer que las cosas sobre las que escriben resuenen con la verdad.

BB – Una distinción que también será útil más adelante. En resumen, el esoterismo católico, desde un punto de vista histórico, incluye todas las corrientes neoplatónicas, los templarios, los Fieles de amor, el hermetismo cristiano, la cábala cristiana, las cofradías medievales, el misticismo renano y... ¿qué más?

ALF – Sin duda, el cenáculo de Paray-Le-Monial. En ese monasterio vivió la mística Santa Margarita María Alacoque (1647-1690), monja cristiana y mística canonizada por el Papa Benedicto XV en 1920, a quien debemos el culto y la devoción al Sagrado Corazón de Jesús. A ese culto y experiencia carismática se vincularon posteriormente diversas realidades «esotéricas» y pseudoesotéricas, como el movimiento vinculado a la asociación «Atlantis» de Paul Le Cour, la revista «Regnabit» del padre F. Anizan, en la que también colaboraron René Guénon y Louis Charbonneau-Lassay, y actualmente la revista «Contrelittérature» de mi amigo Alain Santacreu, que desde hace tiempo intenta seguir sus pasos.

BB – Desgraciadamente, no podemos detenernos ni decirlo todo. Hasta ahora, sin embargo, nos hemos mantenido dentro del catolicismo latino, pero también existe el protestantismo nórdico y la ortodoxia oriental. ¿Hay rastros de esoterismo también en estas iglesias?

8. Esoterismo y protestantismo

ALF – Por supuesto. Estoy pensando en la relación entre el Rosacrucismo y el Luteranismo. El símbolo que distinguía a los rosacruces era el escudo de armas de Lutero. Pero es muy probable que estos rosacruces no fueran los verdaderos rosacruces, sino sólo una organización que acabó apropiándose de este nombre. Esta era al menos la idea de Guénon, que también reivindicaba una conexión con el esoterismo islámico a partir de la destrucción de la Orden del Temple. Pero es un asunto sobre el que se puede decir muy poco, ya que no existen huellas históricas precisas.

BB – ¿Así que el protestantismo fue influenciado por un esoterismo espurio?

ALF – Yo creo que sí. No se puede pasar por alto el odio de Lutero hacia Santo Tomás de Aquino y Dionisio, su rechazo de la *analogia entis* con consecuencias antropológicas que revelan una gran desviación del verdadero esoterismo. Theobald Beer ha intentado demostrar, con buenos argumentos, que en muchos puntos el pensamiento de Lutero retoma temas tomados del hermetismo. Pero cabe preguntarse, ¿qué hermetismo? Ciertamente el falso.

BB – Algunos dirán que son la misma cosa.

ALF – ¡Qué lo diga si quiere, yo no estoy de acuerdo! (risas). Permaneciendo en el ámbito del protestantismo, me parece interesante la tesis del historiador inglés Francis Young, según la cual muchos textos esotéricos conservados en los monasterios —el famoso «tesoro monástico»— empezaron a circular precisamente después de la Reforma protestante, cuando se disolvieron muchas órdenes y se cerraron los conventos. Fue la circulación de estos textos lo que favoreció el nacimiento del ocultismo. No sé si realmente fue así, pero me parece una pista interesante[100].

9. Esoterismo y ortodoxia

BB – ¿Qué puedes decirnos sobre el hesicasmo? ¿Es un esoterismo?

ALF – Un esoterismo con características propias. Los hesicastas (el término procede del griego «*hesychasmos*», de «*hesychia*», que a veces se traduce como «silencio», calma, paz, tranquilidad y similares) practican la llamada oración de Jesús u oración del corazón, que consiste en la repetición incesante de la fórmula, modulada al ritmo de la respiración, «Señor Jesucristo, Hijo de Dios, ten piedad de mí pecador» (en griego: *Kyrie Jesù Christé, Üié Theù, eléisòn me tòn amartolòn*).

BB – ¿Se sabe de cuándo data esta técnica?

ALF – Históricamente de Evagrius Ponticus (siglo IV), pero no se sabe con certeza si es obra suya o si la tomó prestada de otros. Hay varias hipótesis al respecto, pero parece cierta la conexión con las técnicas del esoterismo islámico, el sufismo e incluso las técnicas del yoga de la India. Anthony Bloom (1914-2003), una de las figuras espirituales más influyentes del Oriente cristiano en el siglo pasado, hablaba en uno de sus famosos libritos del «yoga cristiano»[101]. En cualquier caso, fue en el Athos donde la práctica recibió un impulso decisivo gracias a la obra de Gregorio Palamas (1296-1359), y en los siglos siguientes principalmente a esa famosa antología de escritos espirituales conocida como la *Filocalia*.

BB – ¡Sin olvidar los famosos *Relatos de un peregrino ruso*[102]!

ALF – Sin duda, ¡un texto fundamental!

BB – ¿Se sabe algo de su autor?

---

[100]Francis Young, *The Dissolution of the Monasteries and the Democratisation of Magic in Post-Reformation England*, 2019, Vol. 10, núm. 4, pp. 1-10.

[101]*L'esicasmo, yoga cristiano, i centri sottili dell'essere umano e la Preghiera segreta del Monte Athos*, Editorial Rocco, Nápoles 1955.

[102]**N.d.E.:** Anónimo, *Relatos de un peregrino ruso*. Ed. Sígueme, Salamanca, 2018.

ALF – En realidad no mucho. Se desconoce el origen del relato, pero estamos en el siglo XIX. Lo que sí sabemos con certeza es que la obra se publicó por primera vez en Kazán (Rusia) en 1881 bajo el título *Relato sincero de un peregrino a su padre espiritual*. El protagonista es, en efecto, un peregrino que atraviesa los grandes espacios de Ucrania y Rusia portando únicamente una Biblia y un poco de pan seco. Durante una celebración litúrgica, al peregrino le llama la atención una referencia a la exhortación de San Pablo a «orar sin cesar» (1 Tesalonicenses 5:17) y más tarde conoce a un maestro —*starec* en ruso— que le enseñará precisamente la «oración del corazón». Se trata de un texto muy bello y conmovedor que se ha convertido en uno de los clásicos de la espiritualidad cristiana más leídos en el mundo.

BB – Nos has hablado de Gregorio Palamas y Evagrio Póntico. ¿Podemos considerarlos «padres» del esoterismo?

ALF – Yo diría que hasta cierto punto lo son, como también lo es el autor anónimo del «Peregrino». Pero como he intentado decir, las clasificaciones sólo sirven para hacernos una idea de lo que estamos hablando; no podemos ni debemos categorizar demasiado. El hesicasmo es inseparable de la dimensión religiosa y si no lo comprendemos corremos el riesgo de convertirlo en algo que no es.

BB – Creo que tienes razón. Por desgracia, creo que tenemos que detenernos aquí, en lo que respecta al esoterismo cristiano.

ALF – Yo también lo creo; ¡hacer diez volúmenes no está previsto! (risas). Sin embargo, una última referencia obligada que creo que debo hacer es que también el Occidente latino tuvo su propia oración del corazón más conocida como «oración cordial», «oración pura del corazón», «oración de la presencia de Dios», «oración del silencio», etc., y cuyos textos de referencia son sobre todo *El oratorio del corazón* del canónigo Maurice Le Gall de Kerdu (1633-1694), publicado en 1670, y el *Tratado de la oración del corazón* del jesuita Jean-Pierre De Caussade (1675- 751). Sobre ambos han aparecido dos estudios que personalmente considero fundamentales, incluso indispensables: *La fatica del cuore. Saggio sull'ascesi esicasta* di

Enrico Montanari (Jaca Book, Milán 2003)[103]; *L'oraison cordiale, une tradition catholique de l'hésychasme* de Jean-Marc Boudier (Harmattan, 2013).

---

[103]El discurso de este estudio continúa en el volumen publicado más recientemente: *Un umile regalità. Percorsi dell'esicasmo in Occidente* (Mimesis, 2022). Sobre el Hesicasmo en general, sin embargo, el texto *Un fuoco che brucia, ma non consuma. La preghiera del cuore nella singolare esperienza romena del Roveto ardente del monaco della piccola comunità dei «Contemplativi di Gesù» di Capriata d'Orba (Alessandria)*, Elia Citterio (*Il Cerchio-Iniziative editoriali*, Rimini 2021).

XI

Esoterismo hindú

*Conocemos la influencia del hinduismo en el esoteris-
mo europeo. ¿Qué hay de la naturaleza intrínseca del
esoterismo hindú?*

BB – Conocemos la influencia del hinduismo sobre todo en las
formulaciones de la metafísica occidental (René Guénon, Frithjof
Schuon); sin duda influyó en Guénon en su esoterismo «Rey del
Mundo». Sin embargo, mi primera pregunta es: ¿existe realmente
un esoterismo hindú?

ALF – Haces muy bien, Bruno, en plantear esta pregunta y en hacerlo
ahora para aclarar los términos del problema. La verdad es que
cuando hablamos de hinduismo o *Sanātanadharma* (lit. «ley/religión
eterna»), entramos en tal complejidad que requiere invertir nuestro
punto de vista habitual. Parafraseando al Evangelio, diría que no
hay nada en la India que no haya sido revelado de algún modo o
puesto secretamente en conocimiento de todos[104], lo que descartaría
la existencia de un esoterismo. Pero luego, si miramos más de cerca,
nos damos cuenta de que las cosas no son exactamente así y que
el punto de vista hindú puede ayudarnos a entender muchas cosas
sobre lo que los europeos llamamos esoterismo.

BB – Así que empecemos a hablar de ello. ¿Por dónde quieres
empezar?

---

[104] «No hay nada que no se revele, ni secreto que no se sepa» (Lc 12, 1-7).

1.   Esoterismo y ashrams

ALF – De *ashrams* diseminados por el territorio indio a decenas de miles. Ayer, lugares de meditación y ermitas, centros incontaminados de irradiación de la espiritualidad hindú, hoy, hoteles y residencias donde acuden en masa millones de turistas que buscan dar sentido a sus vidas. Hasta el siglo pasado, allí podían encontrarse los mayores ascetas, maestros y videntes de la India: Ramana Maharshi, Aurobindo, Ramakrishna, Vivekananda, Swami Yogananda, Anandamayi, Sai Baba y muchos otros. Por supuesto, se podrían decir muchas cosas sobre cada una de estas figuras, y no siempre edificantes, pero se trataba sólo de citar nombres conocidos por todos.

BB – Pero, ¿qué tienen que ver *los ashrams* con el esoterismo?

ALF – El sustantivo sánscrito «āśrama» es un derivado temático nominal de la raíz «śram», «trabajar», con el prefijo «ā», hacia. Así, un «ashram» es un lugar donde uno tiende hacia una meta ascética y espiritual de manera disciplinada. Por supuesto, no son el equivalente de una logia masónica, pero básicamente uno va allí con objetivos y propósitos similares. Son, sin embargo, centros de irradiación espiritual, como lo fueron en la antigüedad las grandes escuelas filosóficas que mencionamos al principio de nuestra entrevista.

BB – Entiendo lo que quieres decir. Escuelas y maestros eran también los dos polos del esoterismo occidental.

ALF – Exacto. El maestro espiritual (*gurú* en sánscrito) en la India desempeña un papel casi más importante que las propias enseñanzas que imparte. Según la interpretación del último *Advaya tāraka Upanisad* (14-18)[105], el término *gurú* tendría su origen en las raíces *gu* («oscuridad») y *ru* («desvanecimiento»), significando así «aquel que disipa la oscuridad». Estamos, pues, justo en el corazón del esoterismo, que pone en primer plano no tanto la institución religiosa, la Tradición o la Doctrina, sino la relación personal entre maestro y discípulo.

BB – Entonces, ¿dónde encajan la Tradición y las Doctrinas?

---

[105]Fechada entre el 100 a.C. y el 300 d.C. según Gavin Dennis Flood (1950).

2.   Los rishi

ALF – La Tradición y las doctrinas desempeñan un papel importante, yo diría capital, pero sin la mediación de maestros reconocidos no serían nada. En la base de la Tradición hindú están los antiguos videntes (*rishi*), ellos son los verdaderos «reveladores». Las codificaciones escritas vienen después.

BB – La tradición oral...

ALF – Exacto. El conocimiento se comunica de boca a oído, o de corazón a corazón, a veces incluso sin hablar. En sánscrito, el término para esto es *shruti* de la raíz SHRU que significa «escuchar». La superioridad de la oralidad y de las «doctrinas no escritas» (*agrapha dogmata*) defendida también por nuestro Apolíneo Platón es la base de las enseñanzas esotéricas que son tales precisamente porque no tienen que ser transmitidas «de boca en boca».

BB – Pero ¿en qué consistía exactamente esta «oralidad» para la India?

ALF – Desde luego, ¡no eran discursos agradables! (risas). Se reconoció a la palabra (*Vac* en sánscrito, análoga a nuestro *Logos*) un poder creador, generador, todo espiritual. Antes de ser un significado, la palabra es un «sonido». Y era con la modulación de los sonidos de la voz como se transmitía el conocimiento. En los Vedas se comprende bien la importancia del ritual, pero su ejecución impecable estaba estrechamente ligada a una cadencia y recitación precisas de fórmulas, sonidos y palabras sagradas.

BB – Era todo de memoria.

ALF – Sí, pero también hay que entender la memoria. La memoria ha sido objeto de estudio y veneración desde la antigüedad. La mitología griega la personificó en la diosa Mnemósine, hija de Urano y Gea y madre de las Musas. El esoterismo renacentista, con Ramon Llull, Giordano Bruno y otros, la ensalzó y la utilizó con fines iniciáticos: la famosa mnemotécnica. No se trata sólo del hecho físico de memorizar; hay mucho más. Eliade lo comprendió tan bien que declaró que «la memoria es la llave del Paraíso»[106].

---

[106]El famoso historiador rumano de las religiones hizo esta afirmación durante

BB – Incluso San Agustín en sus «Confesiones» reconoce el valor de la «memoria»[107]. Así que entiendo que tú también reconoces un carácter «esotérico» en este aspecto. ¿Es así?

ALF – Ciertamente. Las prácticas rituales, la ciencia de los sonidos, el secreto de los sacrificios de que nos hablan los Vedas, no eran ciertamente patrimonio de todos, y su transmisión misma tuvo lugar fuera de las comunidades, en los bosques, en los desiertos, en lugares deshabitados, probablemente incluso en cuevas y barrancos.

BB – Allí, te has referido al «sacrificio». ¿Juega un papel importante en el esoterismo hindú?

3. Esoterismo y sacrificio hindúes

ALF – Un papel central y fundamental. El orden del mundo para los hindúes depende del sacrificio, y éste es quizá uno de los mayores secretos del esoterismo. Del latín *sacrificium, sacer facere*, «hacer sagrado», divinizar. El sacrificio es el *medio* entre los hombres y los dioses. Pero la esencia del sacrificio sólo la conocen *los brahmanes*, por lo que no es patrimonio de todos. En este sentido, puede decirse que los ritos sacrificiales de los hindúes eran de naturaleza «esotérica».

BB – Los rituales y los sacrificios tenían una importancia fundamental para los antiguos hindúes, pero luego llegaron los *Upanishads*. Los *Upanishads*, al igual que los Vedas, ¿son también un legado de una tradición esotérica?

ALF – Yo diría que sí, en la medida en que eran familias sacerdotales las que transmitían y detentaban ciertos conocimientos. Los *Upanishads* no son una excepción. Se sabe que al principio siempre

---

una conferencia celebrada en Italia a finales de los años setenta. Nos lo dijo el artista rumano trasplantado a Italia Camilian Demetrescu, de nombre artístico Paul Constantin Demetrescu (Bușteni, 18 de noviembre de 1924 - Gallese, 6 de mayo de 2012).

[107]En cuanto a la importancia de la memoria, la masonería inglesa sigue exigiendo que el ritual se aprenda de memoria y es un requisito previo para el paso de grados. El aprendizaje de memoria en francés se denomina *par cœur*, que significa llevar simbólicamente la enseñanza tradicional en el corazón, es decir, en el centro del ser, y conservarla.

se leían y meditaban en lugares apartados, lejos de las multitudes a las que claramente no estaban destinados. Se trataba de un procedimiento típicamente esotérico. Sólo más tarde se formaron escuelas y los textos empezaron a difundirse por todas partes, dando lugar a muchas interpretaciones diferentes, a veces incluso divergentes.

BB – ¿Y es así como ciertas nociones como la identidad entre el *ātman* y el *Brahman* expresada en la famosa frase *Tat Tvam Asi*, «tú eres eso» o «eso eres», se han convertido en patrimonio de todos los hindúes?

4.   Esoterismo y exoterismo hindúes

ALF – En cierto modo, sí. Guénon creía que para la India la distinción entre esoterismo y exoterismo no tenía sentido, tanto por la ausencia de una religión institucional reconocida por todos, como por el carácter unitario de sus tradiciones. Pero ésta es una idea *brahmánica que* ejerció una fuerte influencia en él. Y al igual que el *Brahman* era quien tenía la tarea de «supervisar» la correcta ejecución del rito sacrificial, Guénon ha sido en nuestros tiempos el supervisor de la pureza de la tradición esotérica y de su expresión doctrinal.

BB – Una analogía interesante que sin duda merecería ser desarrollada, pero debemos centrarnos en lo que tú llamas «esoterismo hindú». Puesto que hablas de *los brahmanes* como depositarios de un saber reservado que sólo podía transmitirse a unos pocos, se me ocurre que entonces la doctrina de las castas podría haber sido un artificio para impedir que ciertos conocimientos llegaran al pueblo.

ALF – Nunca lo había pensado, pero efectivamente, podría ser así. Lo único cierto es que la enseñanza de los vedas estaba reservada a quienes habían recibido una iniciación ritual determinada y, por tanto, poseían las cualificaciones apropiadas. La posibilidad de un «segundo nacimiento»[108] era prerrogativa, en la cuádruple división de la doctrina de las castas, sólo de los tres primeros grupos: sacer-

---

[108]En este caso se hablaba de *dvija* o «nacido dos veces».

dotes (*brahmanes*), guerreros (*kshatriyas*) y cultivadores-artesanos (*vaishyas*); los llamados «siervos» (*shudras*) estaban absolutamente excluidos. Originalmente, no era así: antes de que se establecieran las familias sacerdotales, existían los videntes (*rishi*) y ellos son los verdaderos «padres» del esoterismo hindú.

BB – ¿Así que *los brahmanes* como los fariseos de Palestina traicionarían de alguna manera el mandato que recibieron de los *rishi*?

5. Los Upanishads

ALF – Mientras las familias *brahmánicas* mantuvieron la conexión con los sabios-videntes, no. Después, evidentemente, algo salió mal y la continuidad de la tradición esotérica debió interrumpirse. Pero el esoterismo siempre resurge de sus cenizas y un nuevo renacimiento llegó con los *Upanishads*, textos sagrados en lengua sánscrita compuestos desde el siglo IX-VIII a.C. hasta el siglo IV a.C.

BB – Según tu «esquema» el esoterismo nunca muere.

ALF – Así es. En mi opinión, el camino del conocimiento trazado por *los Upanishads es paralelo* al de los sabios videntes.

BB – ¿Ve una continuidad entre ambos? Alguien ha hablado de una especie de «interiorización» de la idea del sacrificio.

ALF – Yo hablaría más bien de cumplimiento. Jesús: «No penséis que he venido a abolir la Ley o los Profetas; no he venido a abolir, sino a cumplir» (Mateo 5, 17-20).

BB – ¿Sigue siendo un valor añadido?

ALF – Sí; también porque a partir de cierto momento se ha producido una degeneración de las antiguas enseñanzas. Eliade hablaba a este respecto de una «victoria religiosa del suelo» testimoniada elocuentemente por el arte, la iconografía y el auge de cultos idolátricos de todo tipo. Y al mismo tiempo que se escribían los *Upanishads*, aparecieron también el *Yoga* y el *Vedānta*.

BB – ¿Así que, en su opinión, *los Upanishads* son esotéricos?

ALF – Si damos a la palabra «Upanishad» el significado que a veces se le da, a saber, «sesión reservada» o «doctrina arcana y secreta», entonces yo diría que sí.

BB – Pero los «maestros» —*yoguis* y *sannyasins*— a cuyos pies se sentaba el discípulo, ¿no eran sólo individuos aislados que quizá sólo tenían en común una fuerte aspiración hacia el Absoluto? Entiendo que en tu opinión eran iniciados.

ALF – En rigor, la idea de una cadena ininterrumpida de iniciados se encuentra después de la redacción de los Upanishads, especialmente en el seno del budismo y del tantrismo postcristiano. Pero la historia sólo habla de una jerarquía visible, mientras que para mí también ha existido una jerarquía invisible, cuyas huellas, por razones obvias, nunca se encontrarán, pero que se evidencia por una densa red de correspondencias que un ojo entrenado no puede pasar por alto. Por supuesto, siempre se puede suponer que veo conexiones donde sólo hay casualidades.

BB – No, no lo creo, pero lo que yo piense no es importante aquí. Háblame más bien del *Vedānta* y del *Yoga* para completar el cuadro.

6. Los Vedas y el Vedanta

ALF – *Vedānta* significa «fin de los Vedas» (-ānta, «fin»), en el sentido de los textos sagrados que se leen, estudian y meditan en último lugar; mientras que *yoga* suele traducirse como «unión», análogo al latín «*iugum*», en italiano «il giogo»[109]; y al igual que el yugo une, el yoga pretende unir, unir el yo individual a su fuente cósmica, el Ser universal, *Brahman*. Los objetivos de ambos no son muy diferentes. El objetivo es «moksa», o «liberación». Por supuesto, estoy simplificando todo lo que puedo, porque en realidad el discurso requeriría una gran cantidad de detalles, lo que en las pocas líneas que nos permite nuestro discurso no es posible.

BB – Atengámonos a lo esencial, por supuesto, pero intentemos añadir algo. Por ejemplo, ¿cuál es la relación entre el *Vedānta* y los *Vedas* que hemos mencionado antes?

ALF – Los *Vedas* son para los hindúes el equivalente de nuestra Biblia. Nosotros los cristianos decimos que la Biblia «es la palabra de

---

[109]**N.d.E.**: En español «el yugo».

Dios» y los hindúes dicen que los *Vedas* son «el aliento de Brahma», algo «que salió de Él». En resumen, en el origen hay una inspiración directa de origen no humano —aparushêya— y en este sentido hay continuidad y concordancia entre todas las escrituras hindúes, pero, como he dicho, para los *Upanishads*, también para el *Vedānta* hay un *suplemento de gracia* —y aquí me expreso en nuestro idioma, pidiendo disculpas a los hindúes— que ha dado un salto adelante en la espiritualidad de esos pueblos.

BB – ¿Y en qué consistiría este «salto de nivel»?

ALF – Una especie de «salto cuántico», es decir, un cambio repentino de un nivel de comprensión y fruición de la realidad y la verdad a un nivel superior. Como he recordado, lo que era ritual y cultual estaba a punto de desviarse hacia algo mágico y mecánico, y entonces intervino un correctivo. El correctivo fue *el Vedānta*, pero también lo fue *el Yoga*. Y aquí hay que recordar que *el Yoga* como «técnica del cuerpo» ya existía y requería, yo diría que necesariamente, una sucesión ininterrumpida de maestros y transmisores mucho antes de que Patañjali (siglo II o IV a.C.) o quienquiera que estuviera detrás de su nombre[110], compusiera los *Yoga Sūtra*.

BB – ¿Y puede decirnos en pocas palabras en qué consiste el yoga?

7. Esoterismo y yoga

ALF – En una serie de técnicas que implican a toda la persona y a todas sus facultades sin excepción. Es la prueba de que los antiguos conocían los secretos que encierra el cuerpo y todas las propiedades del alma. Y aquí no estamos hablando de elucubraciones como a algunos les gusta pensar, sino casi de una «ciencia exacta» capaz, si se aplica y ejecuta de forma impecable, de transformar el cuerpo del practicante asemejándolo al de un dios en la tierra. Este es probablemente el otro gran arcano junto con el del «sacrificio»

---

[110] Ciertos nombres asociados a las escrituras hindúes, como, por ejemplo, el de Vyāsa, conocido como el autor y narrador del *Mahābhārata*, suelen indicar una tradición transmitida de generación en generación más que una figura histórica.

custodiado por las organizaciones iniciáticas de todos los tiempos y lugares.

BB – ¿Pero no dijimos que el secreto era algo inefable?

ALF – Ciertamente lo es. El secreto no puede revelarse ni desvelarse. No es una fórmula matemática ni un mensaje codificado y ninguna máquina Enigma podrá jamás descifrarlo. Como habría dicho el padre Dante: «quien no lo experimenta no puede comprenderlo» (capítulo XXVI de la *Vita Nova*). El *yoga* hay que practicarlo para entenderlo, y la práctica no es para todo el mundo, piensen lo que piensen algunos occidentales que lo han convertido en una especie de gimnasia pasiva.

BB – Pero, ¿es *el Vedānta* superior al *Yoga*?

ALF – Si *el Yoga es* esotérico al cien por cien, el *Vedānta* lo es al mil por mil. (Risas) *El Vedānta*, por cierto, es un bálsamo que minimiza el peligro de que los yoguis se desvíen; un peligro también temido en los textos de Patañjali, que advierten de los llamados «poderes» que se pueden adquirir con la práctica. Poderes mentales y psíquicos que pueden distraer al practicante de la meta y hacer que se apegue demasiado a su ego o al poder que puede darle su potenciación. Con *el Vedānta, se* trata de apartar la atención de los propios logros y, de discernimiento en discernimiento, desapegarse de todo y de todos para alcanzar el Absoluto sin Nombre, sin Forma y sin partes.

BB – El líder espiritual de este camino es Shri Adi Shankara, o el «Gran Maestro Shankara».

8. Shankara

ALF – Sí, él mismo. Otro gran «padre de escuela» del esoterismo. Pero tampoco hay que olvidar a los otros exponentes de esta «escuela», Rāmānuja (s. XI-XII) y Madhva (s. XIII).

BB – Desafortunadamente, no podemos examinar los tres, pero ¿puedes decirnos brevemente algo sobre las enseñanzas de Shankara?

ALF – El postulado central de los escritos de Shankara es la identidad del Ser *(Ātman)* y *Brahman*. Esto parece fácil de entender, pero se han escrito miles de páginas para explicarlo. No cabe duda de que existen puntos de conexión entre sus enseñanzas y las del budismo Mahayana, de ahí que otras escuelas le acusen de ser un «criptobudista»; pero sus alumnos rechazan resueltamente estas acusaciones. El «*atman*» es ciertamente idéntico al «*brahman*», pero según el «*advaita vedanta*», no son uno, no son «dos». Aquí estamos hablando de un punto de vista muy elevado, metafísico —tu campo, Bruno— que también requiere una cierta habilidad dialéctica para explicarlo.

BB – Ya que me has mencionado, me gustaría preguntarte, ¿cuál es la relación entre esoterismo y metafísica?

ALF – Creo que la metafísica es el punto más alto, la meta en el doble sentido de «llegada» y «entre-mirar», es decir, de mirar más allá. Existe la meta, pero también existe un más allá y uno llega a la meta precisamente porque es capaz de mirar más allá. Aquí creo que en el esoterismo se parte del hombre y del cosmos, de lo visible y de lo invisible, para proyectarse más allá, mientras que con la metafísica el sujeto está solo consigo mismo y no tiene que proyectarse a ninguna parte porque ya está ahí, sólo se trata de tomar conciencia de ello.

BB – Entonces, ¿un esoterismo sin metafísica sería un esoterismo monacal, un esoterismo acéfalo?

ALF – Yo diría que sí. Y creo que ésa es la lección más importante que podemos aprender del hinduismo en relación con el tema que nos ocupa.

XII

Esoterismo budista

Aunque a primera vista el budismo concede poca importancia a la trascendencia como Dios, dista mucho de estar desprovisto de esoterismo. Tenemos aquí la oportunidad de descubrirlo.

BB – Con el budismo entramos en otro territorio vasto, casi ilimitado, no menos que el del hinduismo, y de una complejidad igualmente grande. ¿Por dónde empezar?

1. Buda

ALF – Tenemos que empezar por su fundador, *Buda.* ¿Quién era realmente? El término *Buda*, en lengua pali, significa «aquel que conoce o alcanza la iluminación». Por tanto, un hombre que, por así decirlo, habría encarnado en sí mismo una cualidad trascendente especial.

BB – Pero, ¿por qué los hindúes en particular repudian a esta figura y sus enseñanzas?

ALF – A primera vista, parece que sus enseñanzas no se consideraban acordes con la tradición *brahmánica.* Los *sakyas,* tal vez escitas, a los que se dice que pertenecía *Buda, eran* considerados por los indios como un «pueblo tosco», «de origen humilde», a lo que se añadía la circunstancia agravante de que el gran asceta no había honrado ni rendido homenaje a los brahmanes.

2.   ¿Budismo o hinduismo?

BB – ¿Explica esto el hecho de que un gran experto en esoterismo como René Guénon considerara durante algún tiempo que el budismo era una herejía antitradicional?

ALF – En realidad, Guénon asumió el punto de vista de la escuela sankariana, que apuntaba principalmente a ciertas desviaciones heterodoxas del budismo, como la teoría atomista y la vacuidad entendida como vacío espacial. Además, Guénon había sido receptor de la tradición brahmánica y se había convertido de algún modo en su portavoz en Occidente. Luego, como sabemos, el orientalista-científico A.K. Coomaraswamy (1877-1947) consiguió hacerle cambiar de opinión[111].

BB – Tengo entendido que otro erudito hindú de buena reputación como Sarvepalli Radhakrishnan (1888-1975) también reconoció que las enseñanzas de *Buda* reflejaban perfectamente el espíritu de los *Upanishads* y que nunca tuvo intención de romper con el Vedantismo ni de fundar una nueva religión.

ALF – Exactamente. Y aquí es mejor no entrar en la disparatada y absurda acusación de ateísmo que hacen contra el budismo ciertos eruditos occidentales, por desgracia también cristianos[112], que a veces parecen no entender nada del espíritu y las doctrinas de la India.

BB – Es cierto. Se piensa que Buda fue un innovador radical y que hay un fuerte componente «subjetivista» en sus enseñanzas, mientras que, casi al contrario, el hinduismo sería todo místico y ultrasubjetivo.

---

[111]A este respecto puede consultarse A. K. Coomaraswamy, *Hinduism and Buddhism* (**N.d.E.**: edición en español, *Hinduismo y budismo*, Paidós, Barcelona, 2022).

[112]Véase «La filosofía indiana», *Asram Vidya*, Roma, 1998, vol. I, pp. 344-358. I,

ALF – Sí, todos estos son ejemplos de las interpretaciones erróneas y equivocadas a las que, por desgracia, solemos estar sometidos los occidentales. Creemos entender a los demás mejor que a nosotros mismos, pero no es así.

BB – ¿Cree que los occidentales también tenemos ideas equivocadas sobre el esoterismo budista?

ALF – ¡Supongo que sí! (Risas) Los orientalistas tienden a limitar el discurso a unas pocas sectas, pero en mi opinión el alcance es mucho más amplio. Hay una parte especulativa que se refiere a las formulaciones doctrinales, pero la parte más importante es la práctica, que incluye técnicas psicofísicas tomadas principalmente del yoga indio.

BB – Pero el esoterismo no es sólo una Vía, es también una Doctrina.

3. Esoterismo budista

ALF – Yo diría más exactamente que es una Vía que también *tiene* una Doctrina, una Doctrina de apoyo. Y no hablo de un conjunto de hipótesis, enunciados y preposiciones, sino de un verdadero «punto de vista» (*Darśana* en sánscrito), una visión de la realidad o, como diríamos en alemán, una *weltanschauung*, es decir, una «visión del mundo», una «imagen del mundo» o una «concepción del mundo» que tiene profundas implicaciones antropológicas, psicológicas, espirituales y metafísicas. En resumen, algo más que meras ideas fruto de elucubraciones y especulaciones abstractas, como nos inclinaríamos a creer los demás.

BB – Pero el esoterismo budista, ¿sería el *Yoga*?

ALF – Sí, pero una forma esencial, práctica y eficaz de *Yoga que* consiste en esa disciplina meditativa (*dhâna, jhâna*) que produjo en *Buda el* despertar, la iluminación. Sin esta técnica, que constituye la esencia del budismo primitivo, todos los desarrollos posteriores serían incomprensibles. Cuando se habla de la orientación estrictamente ascética de *Buda*, se habla de esta práctica que, como ya he dicho, tiene raíces históricas que se pierden en la noche de los tiempos.

BB – ¿Siempre ve un componente esotérico en la institución budista del monacato?

ALF – El monacato es, en mi opinión, y por contradictorio que parezca, una institución esotérica pública y religiosa. También lo fue el monacato cristiano si lo observamos con detenimiento, con todas las distinciones del caso que no podemos desarrollar aquí[113].

BB – ¿Pero la falta de jerarquía dentro de esas comunidades no marca más bien un alejamiento del esoterismo? ¿No hemos dicho que el esoterismo es cosa de unos pocos y que no todo el mundo tiene acceso a él?

ALF – Sí, por supuesto. Pero aunque no hubiera jerarquía, el criterio de selección de los monjes era de hecho «aristocrático» y, por tanto, esotérico. Así lo demuestra el hecho de que los seguidores de Buda fueran llamados «nobles» (*Arya, ariya*). Por supuesto, nobles de espíritu y no por riqueza o derecho hereditario.

BB – ¿Puedes decirnos en qué consistía la meditación budista?

4. Meditación budista

ALF – Básicamente en detener el flujo incesante de pensamientos. Para llegar a ello, la atención se centraba en una de las Cuatro Nobles Verdades (*arya-satyani*): sobre el sufrimiento; sobre la causa y el origen del sufrimiento; sobre el fin del sufrimiento; sobre el Camino que conduce fuera del sufrimiento. Cuando se captaba el significado profundo de una de estas verdades, se producía en el meditante una especie de discernimiento iluminador.

BB – Además de la meditación, ¿hubo otras prácticas «secretas»?

ALF – Un gran número de ellos se desarrollaron con el tiempo. Cada escuela y cada secta crearon las suyas propias. Y, por supuesto, estas técnicas tan sutiles y refinadas requerían una guía y una iniciación sin las cuales difícilmente se podrían conseguir resultados.

---

[113]La palabra monje procede del griego antiguo μοναχός (monachos, «monje») derivado a su vez de μόνος (*monos*) que significa «solo». El monje, por tanto, es aquel que ha alcanzado una gran soledad, una gran unidad con Dios, y equivale así al «liberado en vida» (*jīvanmukta*) de los hindúes.

BB – Malos resultados y también posibles desviaciones.

ALF – Por supuesto. Dominar los movimientos del alma, como la ira o el miedo, es un asunto muy complicado y arriesgado, como bien saben los psicólogos. Realmente bajamos a lo más profundo de nosotros mismos y luego no es seguro que podamos volver a la superficie. De ahí la importancia de los maestros, de una disciplina y una ética, y también la importancia de una comunidad humana de referencia (la *Samgha* o *sangha*) hacia la que se tienen deberes y responsabilidades.

BB – Entiendo. El budismo se ha convertido así también en una religión por derecho propio. Digamos que casi por «deber» hacia el prójimo. Pero, en tu opinión, ¿la atribución de una «personalidad divina» dada al *Buda en* un momento dado representó una degradación del mensaje original?

ALF – No, no lo creo. La deificación de Buda ha hecho resurgir uno de los símbolos centrales del hinduismo: el del Hombre Cósmico (el *Maha Purusha*), el macrocosmos, que representa el término medio entre el hombre individual y el ser universal. Me parece que éste es el mayor arquetipo que puede concebirse y contemplarse, porque todas las correspondencias y analogías entre microcosmos y macrocosmos dependen de algún modo de él. La «persona real» es el hombre cósmico, irreal es el yo individual. Esta verdad no es muy distinta de la que proclama Juan el Bautista en los Evangelios cuando dice: «es necesario que él crezca, que yo disminuya» (Juan 3:22-30).

BB – Entonces, ¿quizás la doctrina de *anātman* (sánscrito, *anattā* en Pāli) que afirma la no existencia de *ātman* deba leerse en este sentido?

ALF – Creo que sí. Ahora no puedo decirte la fuente precisa, tal vez el *Majjhimanikāya*, pero es el propio *Buda* quien en uno de sus discursos dice textualmente que el *Tathagata*[114], nombre con el que a veces se refería a sí mismo, «es una persona real».

BB – ¿La mala interpretación de esta doctrina, como otras a las

---

[114]El término puede traducirse como «el que así viene» o «el que así va»; esta ambigüedad suele interpretarse como se pretende y el término se traduce como «el que viene y va de la misma manera (que todos los Budas)».

que se deben divisiones y cismas dentro del budismo, provendría de malentendidos?

ALF – Creo que sí, aunque a veces estas interpretaciones falaces pueden arrojar luz sobre aspectos descuidados de la doctrina que de alguna manera deben resurgir. Como ya he tenido ocasión de decir y repetiré aquí, incluso en el error puede acechar la verdad. Pero también hay propuestas y perspectivas que pretenden desviar al hombre del buen camino y llevarlo a la ruina.

BB – ¿Y hay alguna en el budismo?

5. Esoterismo budista y tantrismo

ALF – Sí. Aquellos con tendencias oscuras, en su mayoría mágicas o chamánicas en un sentido disuasorio. Por desgracia, todavía existen en el Tíbet hoy en día, y es peligroso asociarse con ellas. Hay algunos que promueven el trato con los demonios, especialmente dentro del budismo tántrico. Aunque el objetivo es reconocer a estos demonios como parte de uno mismo y convertirlos así en energías para la liberación, el riesgo de fracasar y de ser dominado por ellos es muy alto.

BB – Sin embargo, cuando se habla de budismo esotérico, se hace referencia precisamente al budismo tántrico y al llamado «vajrayâ-na»[115].

ALF – Así es. El término sánscrito *vajra* (lit. diamante o rayo) al que se refiere el nombre de este budismo indica la inquebrantabilidad, inmutabilidad y autenticidad de la Verdad última. La transparencia del diamante indica que la mente iluminada es «clara», «límpida» y transparente como un diamante o deslumbrante como un rayo.

BB – Pero, ¿es una escuela «tradicional»?

ALF – Absolutamente. Aunque en mi opinión es una recaída en una forma de esoterismo extrínseco, mientras que el budismo primitivo se presentaba como esoterismo intrínseco.

---

[115] *El Vajrayâna* o «Vehículo del Diamante» deriva en parte del Budismo *mahāyāna*, pero también tiene elementos específicos del hinduismo (Shivaísmo cachemir).

BB – ¿Cuál es la diferencia?

ALF – Con *Buda, era sencillo*, sin muchos adornos doctrinales ni complejos tecnicismos operativos. En cambio, el Tantrismo es la apoteosis de las disciplinas arcanas. En él se encuentran todos los componentes de un esoterismo externo e institucional: la iniciación, la enseñanza secreta, la necesidad de un guía espiritual (*gurú*), la cadena de transmisión, las implicaciones mágicas, etc. *Buda* se había rebelado contra todo esto porque veía en ello más bien un obstáculo, un estorbo, a veces incluso una trampa de la que luego sería difícil liberarse.

BB – ¿Así que nos estás diciendo que «la tercera puesta en marcha de la Rueda de la Ley o *Dharma*» es de hecho una traición a las otras dos vías tradicionales del budismo, es decir, el pequeño y el gran vehículo?

ALF – De alguna manera, por supuesto, no del todo. De hecho, no niego que incluso siguiendo este camino se pueda alcanzar el objetivo. Y, por otra parte, ciertas vías nacen para responder a las necesidades, al temperamento y a las propensiones de ciertos individuos, incluso de aquellos que están calibrados psicológica y físicamente y que, de otro modo, no tendrían ninguna posibilidad de liberarse. Y luego, en el lado positivo, hay que añadir que los Tantras están impregnados de actitudes dinámicas que evitan esos inevitables y recurrentes procesos de fosilización de la doctrina y los métodos. Poner constantemente en movimiento la rueda del *Dharma*, después de todo, también significa esta renovación continua de la Tradición. Rueda = renovación; *Dharma = continuidad*.

BB – ¿Puedes decirnos algo más sobre los tantras budistas?

ALF – Se trata de doctrinas y métodos muy complejos que requieren una ejecución impecable, so pena de fracaso. Para ello se requiere la iniciación y la guía de un auténtico maestro. En el Tíbet, la enseñanza tántrica sólo se imparte a candidatos muy selectos con cualificaciones más que probadas.

BB – Pero, ¿en qué consisten estas cualificaciones?

ALF – Especialmente en las aptitudes físicas, psíquicas y mentales, sin las cuales sería imposible practicar determinados ejercicios de concentración y visualización y de imaginación creativa. Aquí también hace falta mucha fuerza de voluntad y una disciplina férrea, de lo contrario no se conseguirán los resultados deseados.

BB – ¿Por qué las diferentes escuelas tántricas hablan de «prácticas de la mano derecha» y «prácticas de la mano izquierda»?

ALF – Existe una correspondencia con el tantrismo hindú shivaíta. Estas dos locuciones acabaron por indicar, incluso en Occidente, dos vías «esotéricas» o «mágicas» opuestas según la ausencia o la presencia en ellas de una ética del comportamiento. Entonces se llegó a identificar la «vía de la mano izquierda» con la magia negra y la «vía de la mano derecha» con la magia blanca. Pero en este caso se trataba de extensiones y aplicaciones impropias introducidas por el ambiguo personaje que fue Helena Petróvna Blavatsky (1831-1891). Para el budismo tántrico, indican simplemente la utilización o no de Fuerzas, Energías o Poderes Creativos *(śakti* en sánscrito), que en su universo simbólico tienen un carácter «femenino» y sexual. En algunos rituales secretos tántricos, este simbolismo requiere que las mujeres lo encarnen para poder ser representado. Y, por supuesto, cuando esto también adopta la forma de unión sexual, no se pueden descartar procesos de degeneración en la propia práctica.

BB – Ciertamente es todo un salto: ¡del *budismo* apofático y ascético de *Buda* a un ascetismo libertino!

ALF – Digamos que con el tantrismo se volvió a dar valor a la realidad. De nuevo, esto fue un contrapeso. En el cristianismo hubo durante un tiempo un desprecio por el cuerpo y la naturaleza, hasta que un tal San Francisco de Asís devolvió las cosas al lugar que les correspondía. La naturaleza y el cuerpo pueden ser medios apropiados para alcanzar realizaciones espirituales supremas. Al fin y al cabo, si se piensa bien, el esoterismo en sus manifestaciones más puras siempre ha tratado de valorar la corporeidad, el cosmos, sus energías y las maravillas de la naturaleza. Y ciertamente no era ni materialismo ni libertinaje.

BB – Desde este punto de vista, si hay sexo en el tantra, no hay sexualidad en absoluto, en el sentido libidinal del término.

ALF – De hecho, se trata esencialmente de convertir y reabsorber estas energías sexuales transmutándolas en otra cosa y es a partir de esta transformación que puede originarse la iluminación. En resumen, no estamos en el orden del deseo. Por otra parte, como escribió Nagarjuna, el mayor metafísico del budismo, *el nirvana* también puede definirse como «el conocimiento perfecto de la existencia fenoménica»[116].

BB – ¿Y la doctrina del *Kalacakra*?

ALF – *Kalacakra*, que es un término híbrido y polisémico —el término tibetano es otro—, suele traducirse como «rueda del tiempo» y más tarde pasó a denotar una serie de textos y métodos yóguicos del budismo tántrico.

BB – ¿Y en qué consisten estos métodos?

6. Esoterismo budista y mandalas

ALF – Por lo que sabemos —porque siempre ha habido cierta confidencialidad sobre ciertas prácticas y no todo ha quedado escrito—, la práctica se dividiría en dos momentos. En el primero, el tántrico, mediante complejas visualizaciones, facilitadas por el trazado de un *mandala*[117], se identifica con las energías que rigen el mundo y con una divinidad específica, expresión de la naturaleza iluminada, abandonando así el punto de vista ordinario; en el segundo opera sobre las respiraciones vitales y su circulación en el cuerpo, y lleva a cumplimiento en la realidad lo que había creado en la primera fase con el pensamiento. Por supuesto, el resultado de esta práctica tan compleja no está en absoluto garantizado y es necesario repetirla innumerables veces bajo la guía de un maestro experimentado. El

---

[116] «El *saṃsāra* no es en nada *diferente* del *nirvāṇa*. El *nirvāṇa* no es diferente en nada del *saṃsāra*. Los límites del *nirvāṇa* son los límites del *saṃsāra*. Entre estos dos no hay diferencia». (Nāgārjuna, *Mūla-madhyamaka-kārikā*, XXV, 19-20).

[117] Diagrama místico, diseño geométrico elaborado con diferentes materiales y utilizado con fines rituales o meditativos tanto en el hinduismo como en el budismo. El gran tibetólogo Giuseppe Tucci dedicó todo un ensayo a este tema fundamental que acabamos de mencionar aquí: *Teoria e pratica del Mandala*, (Roma, 1949).

mandala que se dibuja de vez en cuando y luego se destruye, sirve muy bien para este propósito.

BB – Pero, ¿qué representa exactamente el *mandala*?

ALF – Representa al discípulo y su relación con el mundo fenoménico, pero también con el cosmos en su totalidad y con el ser que somos con todas sus facultades. Trazar un *mandala* y meditar en él es recorrer y experimentar los múltiples estados del ser. La Tradición Tibetana clasifica los *mandalas* en diferentes categorías: los realizados con polvos de colores, los pintados sobre lienzo y los creados mediante la meditación. Pero el cuerpo humano también es un *mandala*. Quizá pocos en Occidente lo sepan, pero el *mandala hecho de polvos de colores es el que está* destinado a las personas cuya conciencia no está muy desarrollada. ¡Al resto de nosotros, en definitiva! (Risas)

BB – Y sobre las prácticas sexuales, ¿cuál es su finalidad?

ALF – Llevar al iniciado a una forma de «placer inmóvil y supremo» que se identifica precisamente con *el nirvana* mismo. El placer ordinario no sería aquí más que un pálido reflejo de este placer supremo. El placer físico lleva al individuo a experimentar una especie de éxtasis, de goce que hace vibrar al Yo pero que es siempre el Yo el que siente; mientras que el estado alcanzado por el tantrika corresponde a una condición de unión total con el todo que sólo puede pertenecer al Yo supraindividual.

7. Esoterismo práctico: Zen

BB – Para completar nuestro breve discurso sobre el esoterismo budista, quizá debamos mencionar las escuelas del budismo japonés fundadas, según la tradición, por el legendario monje indio *Bodhidharma* y conocidas en Occidente con el término Zen. ¿Qué significa esta palabra?

ALF – Es una expresión que deriva del término chino *chán*, que a su vez es una *traducción* del término sánscrito *dhyāna* («visión») que en la enseñanza de *Buda* indicaba esos estados graduales de conciencia caracterizados por una profunda comprensión y que surgían de la concentración meditativa. Esta forma de meditación se exportó de China a Japón, donde adquirió una fisonomía propia ligada al carácter específico de aquel pueblo.

BB – En tu opinión, ¿es el zen un esoterismo?

ALF – Yo diría que sí. Un esoterismo casi tan puro e intrínseco como lo fue el de Buda. Aquí también se trata de extraer directamente de la experiencia metafísica. Digo experiencia sólo para que se entienda, porque en realidad deberíamos hablar de una gnosis pura, de una intuición deslumbrante, de una comprensión de toda la realidad y de una actualización de la propia naturaleza búdica.

BB – Pero entonces, ¿cómo se explica la existencia de tantas escuelas si al final lo que importa es la práctica meditativa y sus resultados?

ALF – En efecto, existen varias escuelas de budismo zen, pero digamos que más o menos todas conservan la centralidad de la práctica meditativa. La diferencia la marcan otros elementos bastante típicos del esoterismo institucional, como la transmisión del «linaje» magisterial, la adopción de ciertos textos tradicionales específicos, las técnicas de meditación, ciertos ritos y ceremonias, etc.

BB – Entiendo. Sin embargo, ¿esta proliferación de escuelas no representa una pérdida en términos esotéricos?

ALF – Una pérdida y una ganancia al mismo tiempo. Un signo de debilidad, pero también de fuerza. El esoterismo es capaz, mucho más que la religión en sentido estricto, de adaptarse y adoptar las formas más diversas.

8. Esoterismo en el Pequeño y Gran vehículo

BB – Entonces, ¿explicarías el paso del budismo del «pequeño» al «gran vehículo», del ideal del *Arath* al del *Bodhisattva*[118]?

ALF – No creo que se trate de dos «ideales» diferentes, sino esotéricamente de una recepción y comprensión diferentes del mismo ideal. El *Arath no* sólo trabaja para sí mismo y el *Bodhisattva* no

---

[118]El *bodhisattva* renuncia a la liberación suprema por compasión y para salvar a todos los demás seres.

sólo trabaja para los demás. En cada *Arath* hay un *Bodhisattva* y en cada *Bodhisattva* un *Arath*. La realidad espiritual esotérica nunca se contradice, el hombre sí, y además muy a menudo. (Risas)

BB – (Risas) ¡Sí! Y hay que acostumbrarse. ¿Algo más que quieras añadir?

ALF – Creo que no. Incluso aquí hemos intentado dar algunas indicaciones vagas. Ahora le toca al lector profundizar.

XIII

Esoterismo taoísta

El Extremo Oriente, y en particular China, no es una excepción al esoterismo, ni mucho menos. Sus peculiaridades son bien conocidas en términos de metafísica; ¿qué decir de los esoterismos correspondientes?

BB – Hemos repasado los esoterismos asociados a las mayores tradiciones religiosas del mundo, occidentales y orientales, y ahora, para completar el cuadro, debemos abordar la complejidad del taoísmo. Gracias a Guénon y a muchos otros (Granet, Wieger, Matgioi[119], Maspero, Kaltenmark, Robinet, Anne Cheng, Conche, Pregadio, Sablé...), el taoísmo no es desconocido en Europa; ¿qué decir, más concretamente, de los esoterismos correspondientes?

1. ¿Taoísmo esotérico, religioso o ético?

ALF – Lo dices muy bien, Bruno: el taoísmo no es fácil de entender para nosotros los occidentales. Afortunadamente, disponemos de abundante literatura sobre el tema que puede facilitarnos el trabajo. En Italia, hemos tenido excelencias en la materia como el gran Lionello Lanciotti (1925-2015) y yo tuve la suerte en el pasado de

---

[119]El «ojo del día», seudónimo de Albert Puyou, conde de Pouvourville (1861-1939), uno de los maestros reconocidos de Guénon.

conocer al orientalista Pio Filippani Ronconi (1920-2010), que había estudiado a fondo esta tradición. Digamos que fue sobre todo gracias a sus estudios que aprendí lo poco que sé sobre el taoísmo, sus métodos y doctrinas. Por supuesto, no olvido las aportaciones de Marcel Granet, Henri Maspero, John Blofeld, Albert de Pouvourville *alias* Matgioi y otros.

BB – Todos estos estudiosos parecen coincidir en definir el taoísmo como una religión, una ética, una cosmovisión y un esoterismo simultáneamente. Pero, ¿quién fue realmente su fundador? ¿Cuál es tu idea de él?

2. El «periodo axial»

ALF – Al parecer, un «Viejo Señor» (*Lao jun*) muy sabio. El nombre por el que se le conoce en todo el mundo es Laozi, que significa literalmente «viejo infante» o incluso «joven anciano». Obviamente, sólo podemos suponer que este personaje existió realmente, ya que tampoco existen pruebas históricas incontrovertibles sobre él. El nombre es claramente un epíteto, un heterónimo o incluso un «nombre iniciático». Pero lo interesante es que su «personalidad» aparece de repente en la escena de este mundo junto a la de Confucio (551-483), Pitágoras (540-480), Jina (m. 527) y Buda (563-483).

BB – En la llamada «época axial» (en alemán *Achsenzeit*), como la define el filósofo Karl Jaspers (1883-1969)[120].

ALF – Exacto. Por «período axial» Jaspers entendía la época comprendida entre el 800 a.C. y el 200 a.C. en la que aparecieron personalidades de considerable calibre espiritual que cambiaron el curso de la historia. Jaspers menciona también, entre otros, a Zaratustra, Isaías, Homero, Parménides, Heráclito, Platón, Aristóteles, etc. Según el filósofo alemán, con estas figuras cambia la forma de pensar del hombre, es decir, empieza a *pensar el pensamiento*, pero yo veo otra cosa mucho más importante.

---

[120] *Vom Ursprung und Ziel der Geschichte* (1949), trad. it., *Origine e senso della storia*, Edizioni di Comunità, Milán 1982. **N.d.E:** Véase la edición española: *Origen y meta de la historia*, Acantilado, Barcelona, 2017.

BB – ¿Cuál es?

ALF – Un acontecimiento de enorme naturaleza espiritual, una manifestación en la tierra de lo que yo he llamado «la cadena de oro», de la que algunas de estas figuras extraordinarias eran eslabones luminosos.

BB – Pero, ¿cómo se relacionaban estas figuras con las tradiciones anteriores?

ALF – Un vínculo por lo general muy fuerte, pero su papel era renovar, es decir, adaptar la Tradición a las nuevas exigencias de su presente. Y en mi opinión debemos tomarnos muy en serio este «diseño» si no queremos correr el riesgo de disminuir estas figuras y su papel en la historia de la humanidad.

BB – Volviendo al taoísmo, ¿cuál fue la tradición anterior con la que Laozi volvió a conectar?

3. Los orígenes del esoterismo taoísta

ALF – El que se remonta al legendario emperador chino Fuxi o Fu Hsi, a quien se atribuye el famoso *Libro de las mutaciones*, el *Yi King*. Poco importa si este personaje existió realmente o más bien, como pensaba Guénon, era el símbolo de «una función intelectual». En cualquier caso, lo que se relata en ese texto extraordinario no es más que la transcripción de un saber que le precede, de una tradición oral de la que sabemos muy poco. Es evidente que cuando se pasa de la oralidad a la escritura se produce inevitablemente un empobrecimiento, por no hablar de que también puede haber formas de hibridación y contaminación con falsas creencias, doctrinas exógenas y Dios sabe qué más.

BB – El sincretismo del que hablábamos.

ALF – ¡Sí! En la prehistoria de la tradición china encontramos incluso elementos sangrientos como los sacrificios humanos que, desgraciadamente, durante mucho tiempo han empañado la historia de casi todas las civilizaciones conocidas, ciertamente con algunas nobles excepciones. Pero no hay que meter a todas las sociedades en el mismo saco: las sociedades basadas en prácticas sacrificiales y asesinatos rituales no están, como pretenden ciertos iluministas modernos, en el origen de la religión y de lo Sagrado, sino más bien su inversión y deformación más total y absoluta. El problema es poder remontarse a una fase anterior en la que no haya rastro de estos sacrificios, pero aquí lo único que la historiografía consigue decirnos es que en los pueblos dedicados al pastoreo o a la caza estas brutalidades estaban ausentes.

BB – El agricultor Caín sacrifica al pastor Abel.

ALF – Exacto. Sin embargo, es un hecho que el verdadero esoterismo y los personajes que aparecieron en el «periodo axial», como Laozi, «enviado del Cielo» (*tian ming*), contribuyeron a interrumpir estas prácticas.

BB – Pero los sinólogos que has citado, quizá con la única excepción del esoterista Matgioi, parecen estar de acuerdo en que el taoísmo primitivo era una forma de chamanismo.

ALF – Bueno, pero profesionalmente se ven obligados a hablar de ello en términos de categorías culturales, de calcos, de hibridaciones, de préstamos, de sucesión temporal. Primero viene esto, luego aquello, etc. En resumen, ignoran tanto los fenómenos sincrónicos como los acrónicos, fuera del tiempo, inclasificables. Se quiere hacer pasar el chamanismo por el antecedente de la religión o por una forma arcaica y primitiva de religiosidad. Y entonces se lanzan los elementos más dispares: creencias, prácticas religiosas, técnicas mágico-rituales, extáticas, etnomédicas, etcétera. Pero vamos, ¡que los chamanes no son todos iguales! El chamán puede ser un brujo, puede ser un charlatán, pero también puede ser un vidente, un místico, un mensajero divino o, como dirían los taoístas, un «hombre de verdad» (*zhenren*). Algunas formas de chamanismo se han fusionado con el taoísmo y ha habido y sigue habiendo un taoísmo chamánico, pero siempre en torno a un núcleo central de verdades originales inspiradas, tal y como yo lo veo, desde lo Alto o dictadas por una forma de logro celestial o realización espiritual que no tiene nada que ver con lo que normalmente se entiende por chamanismo.

4.   Esoterismo taoísta y política

BB – Sin embargo, el taoísmo también ha tenido a menudo connotaciones políticas. Ha habido revueltas populares inspiradas en el taoísmo y éste se ha convertido incluso en una «religión de Estado». ¿Qué tiene que ver todo esto con el esoterismo?

ALF – Creo que en la base de los levantamientos que dices había un deseo real de restablecer —taoísticamente— un orden universal, un equilibrio de fuerzas. Y además, tanto el *Yi King* como el *Tao te King* son también manuales de buen gobierno. Una visión totalitaria y unitaria del cosmos no puede dejar nada fuera, ni siquiera la sociedad, ni siquiera la política. Las implicaciones políticas, o como habría dicho Silvano Panunzio, metapolíticas, se encuentran también en Platón y Pitágoras. Pero sobre la relación entre política y esoterismo, que aquí no podemos desarrollar ni siquiera brevemente, les remito a la excelente revista «Politica Hermetica», que ha escrito densas e iluminadoras páginas científicas sobre este tema.

BB – Pero, en su opinión, ¿era elitista el taoísmo primitivo?

ALF – Elitista en el sentido de que se transmitía de maestro a discípulo.

5.   El camino del Tao

BB – ¿Y qué pasó con la tradición esotérica correspondiente?

ALF – Formalmente, se ha transmitido principalmente en el *Tao Te King* o *Daodejing,* según su pronunciación correcta. El llamado *Libro de las Cinco Mil Palabras.*

BB – ¿Quiere explicar el significado exacto de la palabra «Tao»?

ALF – «Tao» significa «Camino», el «Camino» según el cual las cosas llegan a ser, o mejor dicho, vuelven a ser lo que son. La comparación con el «motor inmóvil» de Aristóteles me parece básicamente aceptable en la medida en que el *Tao* lo mueve todo pero no es movido por nada, actúa sin ser actuado por nada y sin actuar a su vez (el famoso *wei wu-wei*). Es decir, es un orden inmanente a las cosas, una cualidad intrínseca, algo que hace que las cosas sean y es al mismo tiempo un modo de ser de las cosas.

BB – Pero, ¿estamos en el terreno de la metafísica, de la cosmología o de ambas?

ALF – Paradójicamente —como probablemente dirías tú— los dos ámbitos parecen aquí inseparables. A primera vista, parece partir de la Naturaleza y volver a Dios, o al menos los demás podríamos verlo así. Creo, sin embargo, que nuestras categorías teológicas y filosóficas son aquí inadecuadas y que sólo un taoísta que siga su Camino puede comprender verdaderamente el significado. Pero incluso si lo comprendiera, no podría explicárnoslo con el rigor que esperaríamos los lógicos, porque el secreto del Tao, y el secreto ulterior del «Gran Tao», es de hecho inviolable. Inviolable porque inexpresable. El Tao, en efecto, para preservar sus cualidades debe mantenerse *oculto* o *vacío* y por eso no hay que decirlo, pero al mismo tiempo hay que conectar con él y por eso hay que pensarlo y al pensarlo hay que decirlo de alguna manera y por eso se le da un nombre.

BB – Quizá podamos intentar explicarlo utilizando una metáfora o un símbolo.

ALF – Pues bien, en este sentido, el canon taoísta es muy rico en imágenes y símbolos que explican el Tao. El aire y el agua, por ejemplo. El Tao se difunde como el aire —imagen asociada a la universalidad y la trascendencia— y al mismo tiempo está presente en el aliento de cada hombre — inmanencia. Del mismo modo, el agua es capaz de fluir a través de los obstáculos y adaptarse a todas las superficies y recipientes —universalidad— pero nunca pierde su naturaleza e integridad — inmanencia. El Tao lo es todo y, precisamente por serlo, es inasible. *Servata distantia*, recuerda el Evangelio «el viento sopla donde quiere y oyes su voz, pero no sabes de dónde viene ni adónde va: así es todo aquel que ha nacido del Espíritu» (Juan, 3, 8).

6. Tao *y* Deus absconditus

BB – ¿Puede haber una analogía entre el Tao y «nuestro» *Deus absconditus?*

ALF – Isaías 45:15: «Vere tu es Deus absconditus», «pero tú eres un Dios que se esconde». Ciertamente, existe una analogía en el punto en que se capta la inconmensurabilidad y elusividad de Dios y la imposibilidad de que el hombre lo conozca plenamente. Es un concepto que ha encontrado aceptación en muchos pensadores cristianos, desde Nicolás Cusano hasta Blaise Pascal. Pero creo que tenemos que remitirnos a Heráclito de Éfeso para encontrar analogías mucho más estrechas. Algunos estudiosos han sugerido analogías entre la «unidad de contrarios» que emerge en el pensamiento de Heráclito y la polaridad típica del taoísmo chino; otros también han encontrado fuertes correspondencias entre su concepto de *physis* como «orden espontáneo» y el Tao[121].

BB – Hablando de opuestos, el Tao actúa a través de la mediación de dos energías opuestas, el *yin* (negro) y el *yang* (blanco). ¿Puedes mencionar algo al respecto?

7. Yin y Yang

ALF – El *Yin* y el *Yang tenían que ver con* la dualidad noche-día o, más exactamente, con el lado sombrío y el lado soleado de las montañas. En realidad, estos dos principios subyacen en muchas ciencias tradicionales chinas, desde la alquimia hasta la medicina tradicional, desde las artes marciales hasta *el* propio *Y King.* Con toda evidencia, hablamos de dos principios cosmogónicos complementarios y no de dos fuerzas opuestas. Un concepto que podríamos definir como polar o bipolar, teniendo en cuenta que los taoístas dicen que antes de la creación del universo sólo existía el *Wuji, es* decir la «Apolaridad» o el «Sin Polo» y que cuando el cosmos

---

[121] Giangiorgio Pasqualotto, *El Tao de la filosofía,* Pratiche Editrice, Parma 1989.

se manifestó, comenzó lo que ellos llaman el *Taiji* el «Polo Supremo», que luego se dividiría en *yin* y *yang*. Más allá de todo, creo que esta intuición quiere decir que el Tao nunca se da en forma absoluta, sino siempre en forma de complementariedad entre opuestos, y yo diría que el gran secreto del Tao consiste precisamente en revelar al hombre que la naturaleza de las cosas es «relación», «vínculo», «conexión».

BB – ¿Y en qué sentido podemos decir que esta concepción es «esotérica»?

ALF – En el sentido de que es una verdad que no se deriva del pensamiento o de meros procesos mentales, sino de un conocimiento de orden superior. Y aquí estamos justo en el corazón del esoterismo como forma de conocimiento cósmico y metacósmico. Es viviendo en total simbiosis con la naturaleza y sus ritmos como ciertos individuos dotados de una sensibilidad especial y de dones espirituales excepcionales son capaces de captar los secretos del cosmos. Y luego están los que tienen la capacidad de traducir este conocimiento en símbolos, imágenes, palabras y sabiduría discursiva. Quienes escribieron el *Tao te King* evidentemente poseían todas estas capacidades.

8. Esoterismo taoísta y alquimia

BB – ¿Y qué me dices de la alquimia china?

ALF – Que es un asunto muy complejo. (Risas) Se dice que la alquimia china estaba interesada en la búsqueda de la inmortalidad tanto a través de *elixires* y diversos brebajes «mágicos», como mediante complicados métodos y técnicas de transmutación endógena del cuerpo basados en un conocimiento preciso de la «fisiología oculta» del hombre. Algunos creen que todo esto no son más que especulaciones sin fundamento o, en todo caso, engaños, mientras que para otros todo es cierto. Como suele ocurrir en estos casos, la verdad se encuentra en algún punto intermedio: en algunos casos, la alquimia china utilizaba sustancias químicas basadas en minerales, metales y otras sustancias naturales que a menudo resultaban perjudiciales o incluso mortales para quienes se atrevían locamente a ingerirlas; en otros casos, precisamente a causa de estos fallos, se desarrolló una alquimia «interna» muy refinada, similar a la del *yoga* hindú, basada en técnicas de meditación, dieta y prácticas fisiológicas. Tenemos un brillante testimonio literario de ello en el *Tratado sobre el Misterio de la Flor de Oro del Gran Uno*[122].

BB – Que yo sepa, es el único texto completo conocido sobre las prácticas iniciáticas chinas. ¿Es así?

ALF – Sí, lo confirmo. Hasta la fecha, no se conoce ningún otro texto tan completo y preciso traducido a lenguas europeas. Fue el gran sinólogo Richard Wilhelm (1873-1930) quien lo descubrió y tradujo al alemán, y hoy existe también una edición anotada de Carl Gustav Jung[123].

9. El esoterismo taoísta y la búsqueda de la inmortalidad

BB – Volviendo a la búsqueda de la inmortalidad, me parece que es un tema recurrente en el taoísmo chino. En su opinión, ¿cuál es su base esotérica?

ALF – Bueno, yo diría que los misterios de la muerte y el más allá. El esoterismo siempre ha estado familiarizado con la muerte, la «segunda muerte» y la «muerte psíquica», y me parece que el esoterismo chino a este respecto no es una excepción. El taoísta persigue la inmortalidad porque también quiere vencer a la muerte. Por supuesto, esta aspiración también ha dado lugar a desviaciones y malentendidos muy comunes, sobre todo en la cultura popular china, pero debo decir honestamente, también entre un público más culto e intelectualmente exigente. Y estos últimos son los principales responsables de la circulación de una literatura pseudoesotérica que ha hecho mucho daño al verdadero taoísmo.

---

[122]Lu Tsou (o Lu Yen) *TaiYi Kin Houa Tsoung Tchi* (siglo VIII).

[123]**N.d.E.**: Véase edición española: *El secreto de la flor de oro un libro de la vida chino*, Paidós, Barcelona, 1991.

BB – Sin embargo, eso de escapar de la decadencia física y quizá de la muerte es una idea muy, muy antigua, y no sólo china.

ALF – ¡Sin duda! Se pueden encontrar rastros de ella en toda Asia, hasta en el Egipto predinástico. Si pensamos en la concepción cristiana de la «resurrección de la carne», no es que nos desviemos mucho de esa misma idea. La resurrección de la carne es para nosotros un hecho absolutamente real, pero hay quien la interpreta en un sentido materialista. En la tradición china ocurría algo parecido con la inmortalidad. En el taoísmo, la inmortalidad física se entiende en varios grados.

BB – ¿Y cuál sería el grado más elevado?

ALF – El del ascenso al Cielo a plena luz del día. Los textos taoístas se expresan precisamente de este modo. El taoísta que ha alcanzado el más alto grado de realización espiritual llega a ser capaz de pasar todo su cuerpo a lo invisible, sin dejar rastro. Así lo atestiguan incluso los documentos históricos chinos, o al menos eso nos dicen los sinólogos. Al parecer, tal apoteosis tuvo lugar en presencia de cientos de testigos. Por supuesto, no podemos saber si esto es cierto, pero sospecho que podría serlo. Por otra parte, nuestra Biblia también habla de casos similares, véase Enoc y Elías. Sin olvidar la asunción de la Virgen María.

BB – Al fin y al cabo, ciertas prácticas de *yoga* indias y tibetanas también perseguían el mismo objetivo.

ALF – Ciertamente. Y, por otra parte, el taoísmo chino se ha hibridado de diversas maneras con el budismo y el tantrismo, especialmente con el tantrismo tibetano.

10. Taoísmo: un esoterismo

BB – ¿Pero tú ves el taoísmo como esoterismo puro y a Laozi como «padre» del esoterismo?

ALF – Sí, así es. El impulso original del taoísmo es íntimamente esotérico. Al principio era fundamental la relación entre adepto y maestro y entre adepto y poderes espirituales. El orden jerárquico, la doctrina y los rituales relacionados vinieron después y la «religión taoísta» en su forma institucional también fue posterior. Laozi, o quien fuera, puso las enseñanzas por escrito y en este sentido podemos considerarlo como un «padre escolástico». Pero entonces debemos recordar inmediatamente que el chino es una escritura ideográfica y simbólica, muy difícil de plasmar en el pensamiento discursivo. Yo tengo cinco versiones del *Daodejing* y todas son muy diferentes entre sí. Por eso creo que el taoísmo es casi inaccesible para el resto de nosotros y que algunas de sus doctrinas sólo pueden entenderse —y no diré comprenderse— desde un punto de vista esotérico, por tanto *ab intra*, por identificación.

BB – ¿Podrías decirnos en pocas palabras cuál es el objetivo principal del taoísmo desde un punto de vista esotérico?

ALF – En perfecta armonía con el mundo, en la paz del corazón y, en definitiva, en la simplicidad original. Por lo que a mí respecta, Laozi bien podría haber sido un analfabeto (y tal vez lo fuera realmente) y su verdadera enseñanza podría haber sido «muda». Lo cierto es que su «experiencia» no difiere de la de Buda y de la de todos los que pertenecen a lo que me gusta llamar «la cadena de oro». El sincretismo sinérgico que se ha creado entre el taoísmo y ciertas tradiciones «extranjeras» es un testimonio fehaciente de ello. En efecto, la verdad puede adoptar muchos nombres y muchas formas, pero en esencia sigue siendo única. Saber captar esta unidad básica, no sólo intelectualmente sino también, como habrían dicho nuestros escolásticos medievales *sub specie interioritatis*, significa hacerse partícipe de ella y ser capaz de testimoniarla en el mundo como hizo el gran Laozi con incomparable habilidad.

ESOTERISMO TAOÍSTA

XIV

Esoterismos modernos

La enorme cantidad de esoterismos y ocultismos que experimentamos en el siglo XIX, seguida de la codificación del esoterismo de René Guénon, no impidió la aparición de esoterismos modernos, aunque fueran el revival de esoterismos más antiguos (por ejemplo, el rosacrucismo). Discutir la relevancia de los esoterismos modernos es el propósito de esta entrevista.

BB – La primera pregunta que me gustaría hacerte, para entrar directamente en materia, es qué piensas del *New Age* y si crees que esta corriente de pensamiento tiene más o menos que ver con el esoterismo tradicional.

ALF – Acabamos de hablar del taoísmo y hemos mencionado la existencia de un «taoísmo popular», es decir, un esoterismo abierto a todos. A primera vista, como dirían los latinos, se trataría de una *contradictio in adiecto*[124] . En efecto, ¿cómo puede entrar en la esfera pública un ámbito reservado a unos pocos elegidos? La verdad es que no entra en absoluto. Lo que el público llega a conocer no es más que el revestimiento exterior del esoterismo, y lo que es más, en formas deterioradas o falsificadas. Esto en el plano teórico. En el plano «práctico» las cosas no son mejores, porque entonces lo

---

[124]Traducido literalmente: «contradicción en términos».

importante son los «poderes» y los «fenómenos», no las realidades espirituales que subyacen a ellos.

BB – Y entonces intervienen la imaginación y la curiosidad y todo se degrada aún más.

1. Ocultismo del siglo XIX y *New Age* contemporánea

ALF – Exacto. Esto se aplica a la *New Age*, pero si queremos, también se aplica al ocultismo de los siglos XIX y XX.

BB – Pero cuando hablamos de la *New Age, nos referimos* sobre todo al mundo angloamericano y a la cultura *underground de* los años 60, mientras que el ocultismo de marca europea era un fenómeno menos ideológico y quizá más costumbrista. En tu opinión, ¿cuáles son las diferencias más importantes entre ambos «movimientos»?

ALF – En ambos casos, a nivel social, se trataba de «reacciones». Reacción a la cultura de masas en el caso del *New Age*, reacción al positivismo y al cientificismo en el caso del ocultismo. Y aquí me gustaría decir, adoptando un simbolismo familiar a la tradición esotérica occidental, que es siempre la «ley de la balanza» la que rige ciertos procesos: cuando se aplica una fuerza al extremo de una palanca, se determina un movimiento giratorio que es detenido por una fuerza igual y opuesta ejercida en el otro extremo. Hablamos de un banal «mecanismo social», pero este mecanismo compensatorio o regulador, como guste llamarlo, actúa en todas las esferas de la existencia y parece tener un carácter cósmico.

BB – Así pues, con respecto al esoterismo de la era moderna, ¿es quizá impropio hablar de «modas culturales»?

ALF – Creo que sí, cuando por «moda» se entiende una simple pauta de comportamiento que se afirma a nivel colectivo y social. Aquí, de hecho, no se trata de simples pautas de comportamiento, sino de procesos individuales y colectivos en los que entran en juego fuerzas extraindividuales y extrasubjetivas. Está en juego una «ley de compensación» que Jung también intuyó. Sólo que él la explicó recurriendo a la idea del inconsciente individual y colectivo.

BB – Existe una tendencia inconsciente al equilibrio.

ALF – Precisamente. Así que incluso el interés por la vertiente «esotérica» no sería más que un síntoma psicógeno resultado de una falta de coincidencia entre lo consciente y lo inconsciente; coincidencia que debería existir en una condición normal. Sólo que, tal como yo lo veo, hay mucho más; hay «necesidades» primarias inherentes al hombre y que reclaman sus derechos. Hablo de necesidades fundamentales, de necesidades espirituales que es el Alma misma y no simplemente la psique la que exige, es más, exige imperiosamente. Es un hambre que debe ser saciada de alguna manera. Y cuando uno tiene hambre, suspira por cualquier cosa, incluso por alimentos podridos, adulterados o falsificados.

BB – ¿Quieres decir que el neoespiritualismo es comparable a la comida falsificada?

ALF – ¡Claro que sí! Pero entiende bien que siempre es mejor meterse algo entre los dientes que morirse de hambre. Lo importante, sin embargo, es saberlo, ser consciente de ello y luego tratar de remediarlo buscando alimentos mejores, más sanos y nutritivos. El razonamiento que estamos haciendo aquí también debería servir para este propósito.

BB – Ciertamente estoy de acuerdo. Volviendo a los pseudoesoterismos contemporáneos, ¿cuáles son los elementos que los distinguen del verdadero esoterismo?

2. *Pseudo esoterismo* y religión

ALF – Pues bien, desde mi punto de vista, diría en primer lugar hostilidad hacia las «religiones tradicionales», que luego se traduce a veces incluso en hostilidad hacia las instituciones civiles. Pienso en el odio hacia la religión católica alimentado en el pasado por agrupaciones gnósticas, por cofradías «mágicas», pseudoherméticas o neopaganas, pero también por sectores desviados de la masonería, etc. Algunos supuestos «esoteristas» contemporáneos —hijos de una escolástica libresca disuasoria— evocan mucha tolerancia espiritual, pero cuando se trata de la Iglesia, sólo ven piras e inquisiciones. Que no puedan ver otra cosa, francamente me suena un poco extraño y sospechoso. No hay justicia ni equilibrio ni sabiduría en un juicio tan severo.

BB – Pero, ¿estas actitudes no pertenecen más a las sectas que a los «esoteristas»?

ALF – El problema es que hoy en día es difícil distinguir entre una secta religiosa y una fraternidad esotérica. Parecen la misma cosa e incluso los razonamientos dentro de ellas tienen mucho en común. No quiero generalizar, pero la mayoría de las veces es así. Entonces uno no puede quejarse si los sociólogos se confunden un poco en la catalogación y clasificación de estos fenómenos.

BB – También has hablado de hostilidad hacia las instituciones civiles. ¿A qué realidades «esotéricas» te refieres en concreto?

ALF – Pienso en los vínculos de algunas cofradías incluso con movimientos subversivos y el terrorismo. En Italia salió hace algún tiempo un libro titulado *Esoterismo e politica occulta. Dai Templari alle Brigate Rosse* (Ed. Dellisanti, 2005) de Romeo Frigiola, que avanza la tesis de estas conexiones. Naturalmente, el asunto es muy complejo y habría que hacer innumerables aclaraciones y otras tantas distinciones para una reconstrucción histórica precisa de estas interferencias, que yo definiría con Panunzio como «criptopolíticas» más que políticas; pero, sea como fuere, el vínculo entre ciertas ideas difundidas por los círculos pseudoesotéricos y ciertas ideologías nefastas que han infestado el mundo en los últimos tres o cuatro siglos es ciertamente un hecho indiscutible.

BB – ¿Por ejemplo?

ALF – Jean Guitton (1901-1999), influyente filósofo católico del siglo pasado, defendió la continuidad de la antigua pseudognosis dualista en el pensamiento contemporáneo. Todas las concepciones rígidamente opuestas no sólo tienen un efecto perturbador en el equilibrio psíquico de las personas, sino que también pueden inducir comportamientos delictivos. Del mismo modo, atribuir intenciones a la Naturaleza concibiéndola como madrastra o incluso malvada —otro absurdo del ideario gnóstico— cierra para siempre al sujeto la posibilidad de su contemplación admirativa y puede justificar la negligencia e incluso la violencia hacia ella. Obviamente no estoy diciendo que estas ideas provengan directamente del falso esoterismo, pero sí que el falso esoterismo ha creado los presupuestos ideológicos y las actitudes mentales correspondientes que han contribuido a alejar al hombre de una visión correcta y recta de las cosas.

3.   ¿Gnosis o gnosticismo?

BB – Esta es la diferencia entre el verdadero gnosticismo y lo que con razón se ha llamado «gnosticismo».

ALF – Precisamente. Nunca se insistirá bastante en este punto. La gnosis es una realización y un estado espiritual, mientras que el gnosticismo es un retorcimiento del pensamiento sobre sí mismo. Gnosis y gnosticismo son cosas diametralmente opuestas.

BB – ¿Según tu juicio, las doctrinas de los modernos «esoterismos» son «gnosticismo»?

ALF – Yo diría que en su mayoría lo son, pero en el sentido de que son adulteraciones, sofisticaciones, alteraciones y falsificaciones de auténticas doctrinas esotéricas. Piensa, por ejemplo, en cuántas tonterías se han dicho y escrito sobre la llamada «reencarnación» —uno de los dogmas fundamentales del pseudoesoterismo— en comparación con lo que las doctrinas hindúes han escrito y dicho realmente al respecto.

BB – Perdona que insista: pero ¿el falso esoterismo contemporáneo, o si lo prefieres el de los últimos tres siglos, está relacionado con el verdadero esoterismo o con el falso esoterismo antiguo?

ALF – En mi opinión, no existe una verdadera continuidad, ni siquiera con el falso esoterismo antiguo. Ha habido tal cambio en el hombre y en su entorno que los vínculos con el pasado parecen irremediablemente cortados. Cómo sentía y pensaba el hombre de la Edad Media, así como el del Renacimiento, no lo sabemos realmente. Pero ciertas ideas, ciertas enseñanzas y ciertos conocimientos se transmitían, en efecto, sin interrupción. Pero a veces quienes los recibían lo hacían sin comprenderlos realmente. Luego, por supuesto, están las excepciones, como René Guénon.

BB – René Guénon sigue siendo un enigma. ¿Crees que podemos hablar de él como un «escolástico» y quizá como un estudioso del esoterismo?

ALF – Sin duda alguna. Todo lo que podemos decir realmente importante sobre el esoterismo se lo debemos a él. Con su extraordinaria inteligencia y su gran sensibilidad supo decir las cosas justas. No ha habido nadie en el siglo XX que le haya igualado, ni siquiera en nuestra época. Es un hito, el Santo Tomás del esoterismo, por así decirlo. Al fin y al cabo, incluso quienes le criticaron o le critican le deben todo. Entonces, seamos claros, no hay que hacer de él un santo, pero aprovechar sus indicaciones y enseñanzas con discernimiento, sí.

BB – Volviendo al pseudoesoterismo, ¿existe alguna relación con el esoterismo desviado del pasado o son dos manifestaciones diferentes?

4. Algunos falsos esoterismos contemporáneos

ALF – Sin duda existe una conexión indirecta. No sé si se puede demostrar una continuidad, pero desde luego no faltan analogías entre ambos. Jesús acusó a los dirigentes de Israel —la secta esotérica de los fariseos— de ocultar al pueblo las «llaves» adecuadas para leer las Sagradas Escrituras, y hoy esas llaves se ofrecen aparentemente a todo el mundo. Pero la verdad es que estas «llaves» no abren ninguna puerta, y hemos pasado de una ocultación que buscaba disfrazar la verdad al máximo por razones de poder, a revelaciones de verdades distorsionadas, tergiversadas y deformadas.

BB – ¿Qué hay de los «secretos»? Parece que ciertas organizaciones que presumen de supuestas conexiones con auténticos hilos esotéricos del pasado albergan quién sabe qué inquietantes y terribles verdades. ¿De qué crees que se trata?

ALF – Por lo general, el secreto, el verdadero, tiene más que ver con aspectos práctico-operativos o con ciertos aspectos rituales que con misterios inconfesables. En el límite, puede tratarse de contenidos difíciles de comprender o de «códigos» que sólo un iniciado puede descifrar para convertirlos en objeto de meditación. A veces, estos contenidos pueden estar consagrados en textos antiguos, custodiados y transmitidos durante generaciones. Los secretos también pueden incluir prácticas obscenas de carácter sexual totalmente inventadas o indicaciones de prácticas similares a las del tantrismo indio, que ya hemos mencionado. Pero como nos recordaba Guénon, el verdadero «secreto iniciático» no es más que la parte inexpresable e incomunicable de una verdad de orden superior y trascendente. Todo lo demás no es más que material reservado a los iniciados, es decir, a los «iniciados» bajo la guía de un maestro.

BB – Hablando de estos «contenidos confidenciales», parece que algo se filtra de vez en cuando.

ALF – Más que algo. A finales de los años 80, por ejemplo, un grupo milanés llamado «Prometeo», dirigido por el antiguo miembro de las Brigadas Rojas Paolo Fogagnolo, publicó textos que documentaban un tipo de operaciones alquímicas practicadas por la Orden Egipcia de Osiris, un círculo interno y selectivo de la hermandad Myriam de Giuliano Kremmerz. Se trataba de prácticas operativas «osirisianas» que tenían como objetivo la creación de un «cuerpo de luz». Yo mismo, por razones de estudio, llegué a estar en posesión de estos documentos y finalmente, como le dije, me di cuenta de que fuera de su contexto eran un material completamente inútil. Y no entro en la manipulación fraudulenta de estos textos.

Otro libro lleno de indiscreciones sobre agrupaciones pseudoesotéricas fue también el famoso ensayo de Massimo Introvigne *Il cappello del Mago. I nuovi movimenti magici dallo spiritismo al satanismo* (Ed. Sugarco, 1990).

BB – ¿Y la ufología? ¿Jugó algún papel en el pseudoesoterismo de la era moderna?

ALF – Desde luego lo tuvo y lo sigue teniendo. Sin embargo, me gustaría dejar claro que una cosa son los OVNIs (*Objetos Voladores No Identificados*), ahora *FANIs* (*Fenómenos Anómalos No Identificados*) y otra las muchas teorías chifladas sobre ellos. Los ovnis son un fenómeno absolutamente real y digno de estudio. El tema de los extraterrestres que se le suele asociar es muy anterior al fenómeno tal y como lo conocemos y a veces se ha colado en las teorías del pseudoesoterismo[125].

BB – Supongo que te refieres a la «raza aventurera» imaginada por Bulwer Lytton y a la entidad LAM conjurada por A. Crowley...[126]

ALF – Y no sólo eso. También me refiero al «contactismo», que tiene muchas conexiones con las organizaciones pseudoesotéricas y el culto a los platillos volantes, o como lo llamó Jean Robin, el «cultismo discosófico»[127]. Y hablando de secretos inconfesables reservados a círculos restringidos de «iniciados», habría que hablar del origen extraterrestre de la raza humana y de la presencia de estas entidades en la historia de la humanidad desde la fundación del mundo. Hoy en día se habla de ello de manera más informal, incluso dentro de las logias masónicas. Se trata de los «Superiores Extraños», a los que muchos ocultistas consideran inspiradores y custodios de la iniciación y de la Tradición esotérica. René Guénon también se ocupó de los «Superiores Insólitos», pero está claro que para él la cuestión debe considerarse desde un punto de vista puramente simbólico. Los extraterrestres no tienen nada que ver en absoluto.

BB – Existe un libro sobre este tema de Louis de Maistre, *L'enigme Rene Guenon et les superieurs inconnus. Contribution à l'étude de l'histoire mondiale 'souterraine'* (Arché, Milán 2009).

ALF – Se trata sin duda de un libro interesante que hace balance de la compleja cuestión desde un punto de vista histórico, pero, por desgracia, nos encontramos en el terreno del conspiracionismo.

---

[125]**N.d.E.**: A tal respecto véase la obra del escritor italiano Gianluca Marletta, publicada por nuestro sello editorial: *OVNIS y alienígenas. Origen, historia y prodigio de una pseudorreligión*, Hipérbola Janus, Huesca, 2019.

[126]«El Retrato de Lam» es el boceto de Crowley de un ser macrocefálico, presentado en la exposición «Almas Muertas» en Greenwich Village, Nueva York, en 1919, luego incluido como frontispicio de su revista *The Equinox* (vol. III, nº I, primavera de 1919, Detroit (MI): Universal Publishing Co), con la leyenda: «Lam es la palabra tibetana para Camino o Senda, y Lama es Aquel que va...».

[127]En el libro *UFO la grande parodia* (Ed. All'Insegna del Veltro, Parma 1984.

Guénon, por su parte, siempre señaló que tal cuestión no podía ser abordada ni resuelta por los historiadores. Se trata de saber si existen individuos que hayan alcanzado las más altas cumbres de la realización espiritual, dotados quizás de longevidad o incluso de inmortalidad, como el Judío Errante, el Profeta Elías, San Juan, «el discípulo que nunca moriría», el Conde de Saint-Germain o Fulcanelli. Guénon, en *El rey del mundo* citando a Ibn 'Arabi, habla de una «jerarquía de santos» y «guardianes del mundo»[128]. Al fin y al cabo, no es una idea muy diferente de lo que los cristianos llamamos «communio sanctorum» (comunión de los santos).

BB – La «comunión de los santos» se opone a los «superiores desconocidos» como la verdad a la ficción.

ALF – Exacto. Dicho de otro modo, se trata de una verdad espiritual secularizada. En mi opinión, Guénon contribuyó a devolver a la idea de «superiores desconocidos» una connotación sagrada y espiritual, mientras que los ocultistas le daban una connotación totalmente legendaria y fantasiosa.

BB – ¿Así que el proceso de secularización no sólo afectaría a la esfera religiosa, sino también al esoterismo?

ALF – No es el esoterismo en sí el que se seculariza, como no es la religión per se la que se seculariza. La verdad puede ser captada en cualquier momento por cualquiera que se disponga en las condiciones adecuadas para recibirla. Lo que cambia es la interpretación de la verdad, su traducción cultural y social. Es el mundo el que se convierte en ficción y el que envuelve y engulle todo en esta ficción, incluso lo más sagrado e inviolable.

BB – Nietzsche en *El crepúsculo de los ídolos*: «Explicaré cómo el mundo real acabó convirtiéndose en una fábula». Pero, ¿cuándo o dónde comienza para el esoterismo este proceso de alejamiento de su núcleo de verdades intangibles?

ALF – Probablemente desde la invención de la escritura. La dimensión escrituraria facilitó sin duda este alejamiento de la verdad, en primer lugar porque hizo innecesaria la oralidad y por tanto no imprescindible la figura del Maestro. Las desviaciones nacieron todas

---

[128]Ibn 'Arabî, Il mistero dei custodi del mondo, Ed. Il Leone Verde, 2001.

dentro de una interpretación falaz de las doctrinas y enseñanzas antiguas tomadas prestadas e incluso impugnadas por quienes ya no eran capaces de comprenderlas.

BB – ¿Te refieres al predominio de la dimensión teórico-especulativa sobre la dimensión mistérica e iniciática del esoterismo?

ALF – Sí, algo así. También se menciona en referencia al paso de la masonería operativa a la masonería especulativa, pero es un paso que implicó más o menos a todas las «organizaciones iniciáticas» del pasado. Cuando se relatan ciertas verdades por escrito, es normal que puedan ser malinterpretadas e incluso tergiversadas.

BB – Resuena el Evangelio: «No deis lo santo a los perros, ni echéis vuestras perlas a los cerdos, no sea que las pisoteen y se vuelvan y os despedacen» (Mateo 7:6). Pero, ¿es éste el destino del esoterismo?

5.   Esoterismo *y* falsificación

ALF – Digamos que es el destino de todo lo que entra en la esfera de este mundo transformado y complejizado por un determinado tipo humano que ha llegado a predominar a partir de un determinado momento. Por otra parte, incluso las religiones están familiarizadas con estos procesos de decadencia, endurecimiento y disolución. El sol sale y se pone, la luna tiene sus fases, menguante y creciente, luna llena y luna nueva, primer cuarto y último cuarto. En mi opinión, la metáfora de las fases de la luna puede ayudarnos a comprender las razones profundas de estos cambios antropológicos y sociales. Y es una «regla» que también se aplica a las formas externas del esoterismo; pero repito, hay un núcleo esencial de verdad siempre presente y disponible para quienes sean capaces de comprenderlo.

BB – ¿Y existe un criterio para reconocer el verdadero esoterismo respecto a sus falsificaciones?

ALF – En realidad sí la hay, y es mucho más sencilla de lo que la gente cree. El esoterismo, como he dicho muchas veces, presupone siempre una «cadena de oro» de maestros que pasan el testigo. Maestro es el que es capaz no ya de enseñar algo —ese es el instructor— sino el que puede transmitir la maestría y hacer del alumno-adepto un nuevo maestro.

BB – Pero en los nuevos «movimientos esotéricos» —permíteme la expresión— ¿se sigue dando esta transmisión de maestro a discípulo, de boca a oído?

6.   Transmisiones y discontinuidades

ALF – Creo que dentro de ciertas organizaciones muy restringidas que no son conocidas por el público, algo así sigue ocurriendo. Desde luego, no en aquellas estructuras asociativas que están abiertas a todos y que llevan a cabo campañas de afiliación.

BB – ¿Hay alguna que puedas nombrar aquí?

ALF – De todas las organizaciones que podemos considerar «esotéricas», la masonería sigue teniendo sin duda su propia validez intrínseca en términos de iniciación, ritual y riqueza de símbolos. No diría lo mismo de ninguna otra organización conocida. Sólo que para un católico profeso sigue existiendo el problema de la doble pertenencia y francamente lo desaconsejo. Al menos hasta que la Iglesia se pronuncie en sentido contrario, cosa que dudo mucho por muchas razones que no puedo abordar aquí.

BB – Pero entonces, ¿también en tu opinión se aplica siempre el principio de continuidad «histórica», en ausencia del cual no hay verdadero esoterismo?

ALF – Sin duda, creo que ciertas fracturas y discontinuidades temporales pasan factura. Cuando una tradición se interrumpe, no es que pueda reconstruirse artificialmente, volviendo a juntar las piezas. Pero también puede darse el caso de personalidades excepcionales y especialmente dotadas que consigan restablecer lo que por «voluntad del cielo» se había interrumpido y reanudar, por así decirlo, «el hilo del discurso». Se trata de una eventualidad a tener en cuenta, al igual que la posibilidad de una línea «familiar» de sucesión y transmisión. Pero sobre estas posibilidades, de las que también hay importantes vestigios y estudios que hablan de ellas, creo que no se puede decir nada definitivo ni seguro.

BB – En tu opinión, ¿existen «actualizaciones» de lo que has denominado «esoterismo tradicional», es decir, resurgimientos de corrientes esotéricas estrechamente vinculadas al contexto de una religión tradicional?

ALF – Más que de actualizaciones y resurgimientos, yo hablaría de «corrientes intelectuales» que han desempeñado una función análoga a la que solían desempeñar externamente ciertas «escuelas filosóficas», que a su vez eran emanaciones de organizaciones esotéricas reales. Pienso, por ejemplo, en el llamado «pensamiento tradicional» inaugurado por René Guénon, que consiguió irradiar en muchas direcciones y sembrar corrientes espirituales también dentro de las religiones.

BB – ¡Esta irradiación no siempre fue positiva!

ALF – Cuando ha estimulado un «retorno a la Tradición» en sentido espiritual o en el sentido de una valorización del *depositum fidei* de las diferentes tradiciones, sí; cuando por el contrario ha producido abjuraciones, no. Pero debemos decir honestamente que la responsabilidad de estas abjuraciones recae en los malentendidos de algunos lectores y no en el propio mensaje, que nunca las sugirió ni las solicitó. Luego, por supuesto, los escritores que se inspiran en esta vertiente son muchos y no todos tienen las ideas claras de un René Guénon.

BB – ¿Puedes nombrar a algunos autores que se hayan relacionado idealmente con Guénon y hayan actuado dentro de sus respectivas tradiciones en el sentido del esoterismo?

7. Esoterismo religioso

ALF – Por lo que respecta al cristianismo, podríamos citar *al abate* Henri Stéphane (1907-1985), al que más tarde se vincularon François Chenique (1927-2012) y Jean Borella (1930). En Italia, dos autores de referencia para el esoterismo cristiano fueron Paolo Marchetti Virio y Silvano Panunzio, de los que ya he hablado. Pero los nombres son muchos y se puede hablar de una verdadera «escuela de esoterismo cristiano» que no ha dejado de tener exponentes de valor aún hoy.

Para el islamismo pienso en los numerosos maestros de estudios islámicos que han llamado la atención sobre las escuelas esotéricas, como Louis Massignon (1883-1962), Henry Corbin (1903-1978) y el propio René Guénon (1886-1951); para el judaísmo los autores de referencia para este discurso son los que se han aplicado a la Cábala, como Leo Schaya (1916-1985), Gershom Scholem (1897-1982) y en nuestros días Moshe Idel (1947); para el hinduismo, Ananda Kentish Coomaraswamy (1877-1947) y Alain Daniélou (1907-1944); para el budismo, Marco Pallis (1895-1989), Jean Marquès-Rivière (1903-2000) y Alexandra David-Néel (1868-1969); para el taoísmo, Eugène Albert Puyou de Pouvourville, alias Matgioi (1861-1939), el padre Léon Wieger (1856-1933) y Marcel Granet (1884-1940); para el tantrismo, Sir John Woodroffe, también conocido con el seudónimo de Arthur Avalon (1865-1936).

BB – Son realmente muchos y, por cada uno de estos nombres ilustres, se podrían decir muchas cosas, pero esta entrevista llega a su fin. Me parece entender, en conclusión, que, a pesar del *revival* cultural y del «despertar religioso» que han suscitado estas corrientes —y por el cual, sin duda, deben ser apreciadas—, en Occidente quedan realmente muy pocas tradiciones esotéricas propiamente dichas.

ALF – Es así. Pero se habla muchísimo de ello, como estamos haciendo también nosotros en este libro-entrevista. ¡Sólo cabe esperar que todo esto no sea sólo palabrería! (risas)

ESOTERISMOS MODERNOS

XV

Esoterismo y metafísica

Los esoterismos suelen apelar a la metafísica. Sin embargo, estos dos enfoques son muy diferentes. El objetivo de esta entrevista es aclarar sus respectivos enfoques y puntos de vista.

BB – La metafísica fue utilizada, en particular por Guénon, para su codificación del esoterismo. Sin embargo, algunos esoterismos complementan a la metafísica. ¿Cómo definiría lo que distingue a ambas?

ALF – Simplificando, diría que la metafísica es la plenitud de la Verdad, por lo tanto el *fin*, mientras que el esoterismo es un camino por el que es posible alcanzarla.

1. Puro intelecto e imaginación creativa

BB – Pero cuando hablamos de doctrinas metafísicas, ¿no nos referimos también a un complejo de conocimientos o principios elaborados orgánicamente por alguien? ¿No hay *también* una «teoría» detrás de cada doctrina metafísica?

ALF – Para Platón, la θεωρία (teoría) es «la contemplación de la totalidad del tiempo y del ser». En este sentido podríamos decir también que la metafísica es *pura θεωρία (teoría)*, pero el órgano que mejor le conviene no es ciertamente la razón o el pensamiento discursivo, es el intelecto espiritual o intelecto puro. Guénon también estaba convencido de ello y lo hizo coincidir con el «*vidya*» o conocimiento supremo hindú.

BB – Además, Platón lo dejó claro: «El discurso teórico es el último recurso de la enseñanza de la verdad»[129]. Entonces, si el intelecto puro es el órgano de la metafísica, ¿cuál es el del esoterismo?

ALF – Yo diría, de acuerdo con Corbin, «la imaginación creadora». «Creativa», como ha explicado el gran islamólogo[130], significa que proporciona a los infinitos espacios de la imaginación espiritual impulsos vitales y fértiles. En este sentido, es como si el esoterista asumiera así una cualidad divina, la del «poder creador», por así decirlo. Pero no hay que confundir lo imaginativo con lo imaginario, confusión en la que a menudo caen los pseudoesoterismos, que entonces sólo son fruto de fantasías y únicamente producen falsas ilusiones. La ilusión de poseer la verdad es en general algo muy peligroso y dañino tanto a nivel mental como espiritual.

BB – Pero, ¿qué relación tiene la imaginación creadora con el intelecto puro?

ALF – Yo diría que la facultad imaginativa es un reflejo del intelecto puro en el plano mental. Con la imaginación, sin embargo, estamos en el reino de las facultades mentales, sin duda superiores al pensamiento pero estrechamente relacionadas con él. Por eso el esoterismo habla de la «purificación de la mente», a la que se dirigen todas las actividades de meditación y, especialmente, de concentración. Una mente purificada es capaz de «dialogar» con el intelecto puro del mismo modo que, si se me permite el paralelismo, el hombre de fe dialoga con su ángel de la guarda. En ambos casos, se trata de un «intermediario celestial», es decir, la expresión «*in interiore homine*» de un atributo divino.

BB – Me parece que quieres decir que cuanto más transparente y permeable sea el alma a la luz divina, más se amoldará a ella la imaginación desarrollando capacidades creativas a imitación de Dios.

---

[129] *Carta* VII, 326a-b.

[130] Henri Corbin, *L'immaginazione creatrice. Le radici del sufismo*, Editore Laterza, 2005.

¿Es así?

ALF – Yo diría que sí. Es en virtud del poder creador de su intelecto que el alma ve e intuye internamente. Por supuesto, nunca debemos estar seguros de decir las cosas de la manera correcta, porque antes debemos ser conscientes de los límites del lenguaje humano. La lógica y la precisión no deben faltar nunca, ni siquiera cuando se tratan los temas más elevados, pero siempre con la conciencia de que no son más que balbuceos y aproximaciones a la verdad. Un teólogo católico, por ejemplo, podría objetar todo lo dicho hasta ahora, alegando que sin fidelidad al Magisterio no hay verdadera teología, pero el nuestro no pretende ser un discurso teológico, sino una reflexión de dos laicos sobre un tema ciertamente arduo y controvertido, digno de ser abordado con honestidad y sobre todo sin prejuicios.

BB – ¡*Excusatio non petita, accusatio manifesta*![131]

ALF – (risas atronadoras). Tienes razón Bruno; me hubiera gustado decirlo al principio de nuestra entrevista, ciertamente no para justificarme, sino para que los lectores tomaran conciencia del hecho de que los cristianos no deben tener miedo de exponer sus ideas incluso cuando no están perfectamente en línea con la ortodoxia actual. Al contrario, sobre todo cuando no lo están, porque no hay que cansarse de aportar estímulos útiles para la profundización de las cosas que realmente importan y que son queridas, o deberían ser queridas, por aquellos a quienes se han confiado por mandato divino las llaves del Reino[132].

2. Esoterismo y cosmología

BB – Evidentemente lo mío sólo pretendía ser una broma y en cierto modo una provocación precisamente para suscitar una respuesta

---

[131] Proverbio latino de origen medieval. Su traducción literal es «Disculpa no pedida, acusación manifiesta», forma equivalente a «Quien se disculpa, se acusa».

[132] «Puesto que él [Pedro] recibió las llaves del reino de los cielos, se le confió el poder de atar y desatar, se le dio el cuidado de toda la Iglesia y su gobierno [*cura ei totius Ecclesiae et principatus committitur* (Epist., lib. V, ep. xx, en P.L., LXXVII, 745)].

aclaratoria y oportuna por tu parte. Pero volvamos a la relación entre metafísica y esoterismo, o deberíamos decir entre metafísica y cosmología, porque con el esoterismo permanecemos en la esfera de la manifestación mientras que con la metafísica estamos en una esfera que va más allá de ella.

ALF – Sí, siempre que dejemos claro desde el principio que por cosmos no entendemos la naturaleza o el entorno que alberga la Tierra como planeta, sino una realidad más amplia que incluye lo visible y lo invisible. En definitiva, hablamos de un cosmos «interior», un cosmos del Alma que se refleja en el cosmos exterior. El esoterismo no tiene nada que ver con la Ciencia o, como pretenden ciertos intérpretes falaces, con «otra Ciencia», similar en este sentido a la llamada parapsicología con la que a menudo se confunde o incluso se sustituye. Con la metafísica, en cambio, se trata de un supercosmos celeste, que también es en cierto sentido «interior».

BB – Sin embargo, esta última es el área que ni siquiera la imaginación creativa puede alcanzar. ¿Me equivoco?

ALF – No, no te equivocas. El Cosmos es una especie de trampolín para el Alma, como bien representa la losa funeraria del «Buzo de Paestum». Alcanzada la cima de su esfuerzo, el Alma con su facultad imaginativa y creadora (Dante hablaría de «alta fantasía» —verso 145 del Canto XXXIII del Paraíso de la *Divina Comedia*— pero es lo mismo), debe sumergirse en las profundidades del misterio divino o en la Eternidad.

3. Esoterismo y simbolismo actuado

BB – Pero, ¿en qué sentido puede el esoterista participar en esta «experiencia sublime e inexpresable» o, como usted ha dicho, preparar el camino?

ALF – A través del Símbolo. El Símbolo como aparición y epifanía de lo Verdadero espiritual. El esoterismo tal como yo lo entiendo, es decir, desde mi punto de vista, no es otra cosa que un símbolo actuado, un «mysterium», un «secreto mostrado y actuado» (utilizo las expresiones de Jung sin hacer mío su punto de vista, que no comparto en absoluto). El esoterista es aquel que puede presentar el simbolismo cósmico latente en todas las cosas y experimentarlo. Y si la experiencia es verdadera y sincera, es inevitable que le conduzca a Aquel que es el Señor de todas las cosas, el origen metacósmico de todo el universo.

BB – ¿Estamos hablando de una experiencia mística en sentido pleno o de una experiencia puramente «intuitiva»?

ALF – Buena pregunta. Creo que ambas son posibles. Los dos «resultados» no se excluyen mutuamente, siempre que el buscador-iniciado haya recorrido el camino correcto sin perderse en el intrincado laberinto de su mente. Aquí recordaría la experiencia del ocultista francés Paul Sédir[133] que consiguió pasar de un pseudoesoterismo (la Orden Martinista en la que militaba) con un verdadero salto creativo y espiritual a una especie de «evangelismo puro».

BB – Una excepción a la regla, diría yo.

ALF – Sin duda, pero es un ejemplo de cómo, si se tiene el espíritu adecuado y se es honesto hasta la médula, se puede alcanzar la meta espiritual más elevada.

BB – ¿Y cuál sería el paso dado por un esoterista puro? ¿Puedes darnos al menos un nombre?

ALF – Es la transición de la polaridad a la unidad, de la dualidad a la identidad. Es difícil dar nombres porque los «verdaderos» esoteristas son anónimos y sus nombres suelen ser heterónimos. De los más grandes, hemos hablado como los «padres del esoterismo» y creo que sus ejemplos y testimonios son más que suficientes.

4. Metafísica y esoterismo: el paso por la muerte

BB – Si no estoy malinterpretando, ¿entiendo que los verdaderos esoteristas, en tu opinión, eran también «metafísicos» autorizados?

ALF – ¡Interpretas muy bien! (risas). Lo diré sin precaución, Bruno: no se entra en el reino metafísico sin antes haber entrado en el

---

[133] Paul Sédir o Sédir (nacido Yvon Le Loup; 1871-1926).

reino de la muerte, sin antes haber afrontado un verdadero «viaje al Hades». Dante, que en mi opinión fue uno de los más grandes esoteristas de la historia conocida, lo ha demostrado y explicado ampliamente en su extraordinaria obra divulgativa. Pero también Homero, y yo diría Virgilio, figuras igualmente grandes e importantes que yo clasificaría sin duda como exponentes del «esoterismo» más auténtico.

BB – Así que, como ya has mencionado, el verdadero esoterismo sería aquel que pone al individuo en condición de «morir a sí mismo». ¿Es así?

ALF – Sí Bruno, eso es exactamente correcto. El esoterismo corresponde a la catábasis (del griego κατάβασις «descenso», de κατα- «abajo» y βαίνω «yo voy») como la metafísica corresponde a la anábasis (del griego ἀνάβασις, literalmente «ir cuesta arriba»).

BB – ¿Quizás es debido a este «descenso a los infiernos» que el esoterismo ha experimentado grandes desviaciones?

ALF – Podemos pensarlo legítimamente. La definición de «contra-iniciación» acuñada por René Guénon, creo, aclara precisamente esta posibilidad de inversión. En el «descenso» uno también puede perderse y apegarse por así decirlo al mundo de abajo con todas las consecuencias para el Alma que sólo podemos imaginar.

5.   Vía esotérica y protección metafísica

BB – ¿Podría una perspectiva metafísica evitar tal resultado?

ALF – Yo creo que sí. Conocer el lugar de aterrizaje desde el principio y darse cuenta de que se va a tratar con fuerzas sobrehumanas, podría ser un buen antídoto contra ciertos venenos a los que el esoterismo como camino expone al iniciado. Para evitar la catástrofe global hay que tener una visión global.

BB – El esoterismo por todo lo que hemos dicho hasta ahora es también «conocimiento total» o más bien Sabiduría como lo hubiera dicho Panunzio. En relación con este conocimiento-sabiduría, ¿qué es la metafísica?

ALF – La metafísica es el límite esencial e infranqueable, o como dirían los latinos, el «non plus ultra», el límite extremo que se puede alcanzar y más allá del cual es imposible ir. Es importante fijar este límite, incluso en el plano racional, porque todo lo humano es finito y limitado. El hombre por sí solo no puede ir más allá de sí mismo. De ahí la exhortación «conócete a ti mismo» (en griego antiguo γνῶθι σαυτόν, *gnōthi sautón,* o también γνῶθι σεαυτόν, *gnōthi seautón)* del templo de Apolo en Delfos. Un conocimiento del Más Allá sería de hecho un «no-conocimiento» o un «conocimiento místico» enteramente espiritual que sólo puede alcanzarse tras una «muerte iniciática». Si la semilla no cae y no se entierra, no puede dar fruto.

BB – ¿Así que la máxima griega es una síntesis de aquello a lo que debe aspirar el verdadero esoterismo?

ALF – Sí, creo que lo es. Pero es una gnosis propedéutica a la verdadera gnosis que es de naturaleza metafísica, por lo tanto mucho más allá de los límites del intelecto humano. La verdadera gnosis es divina y esto es lo que la metafísica debe recordar al esoterismo. La prueba indubitable de la divinidad y para la cual el dios debe ser concebido como viviendo en una existencia corpórea humana. Pero aquí entramos en los «misterios» del cristianismo que están fuera del alcance de la presente discusión.

BB – ¿Se puede resumir lo que has intentado explicarnos diciendo que la dimensión esotérica no accede al metacosmos —ámbito de la metafísica— y que puede desviarse hacia el infracosmos?

ALF – Sí, creo que también podemos decir eso, con una aclaración, sin embargo: cuando el esoterista se desvía, la responsabilidad es «personal» y no atribuible al esoterismo en sí. Ciertas ideas inherentes al esoterismo, si se malinterpretan, pueden agravar la situación del individuo en lugar de promover su crecimiento espiritual. Por lo tanto, cuando hablo de «pseudoesoterismo», me refiero a ciertos «malentendidos» debidos a la incapacidad de ciertos individuos para comprender el verdadero significado de las «doctrinas esotéricas». El problema es que esos individuos se convierten entonces en cabecillas de sectas y agregaciones pseudoespirituales y pseudorreligiosas que acaban arrojando una sombra negativa sobre todo el contexto.

BB – Este inconveniente, sin embargo, no parece existir para la metafísica.

ALF – Sí y no, porque en realidad incluso en el campo de la metafísica podemos hablar de malentendidos más o menos profundos. Por ejemplo, cuando la metafísica se reduce a una simple rama de la filosofía y se convierte en un mero discurso racional en detrimento de su dimensión intrínsecamente espiritual.

BB – Esto es cierto, como citaba Platón más arriba. También lo es cuando la metafísica se plantea, más allá de cualquier religión, como *religio perennis*, metafísica universal y «esoterismo absoluto», haciendo de las religiones reveladas «espejismos salvíficos» (en términos de Frithjof Schuon). La metafísica, incluso la metafísica universal, no siendo en modo alguno una religión, ¿cuál es, en tu opinión, el objeto o la finalidad de la metafísica?

6. Esoterismo y metafísica son complementarios

ALF – Hacer comprender que la realidad espiritual opera más allá del pensamiento especulativo cualquiera que sea. Pero no en el sentido de una existencia separada, sino en el sentido de una existencia que se encuentra en el Principio que la originó y del que brota eternamente. La metafísica como «ciencia total» debe conducir al hombre a encontrarse en Dios, en el punto más alto y elevado posible, más allá del Cosmos. El oficio del esoterismo debe ser crear las bases para esta trascendencia de sí mismo.

BB – Así que los ves como dos polos complementarios.

ALF – En efecto, sí. No creo que sean separables, son partes del mismo circuito y viajan en la misma dirección.

BB – Por supuesto, es difícil integrar tal visión con la perspectiva cristiana propuesta por el Magisterio eclesiástico.

ALF – Me doy cuenta de ello, pero no quisiera entrar aquí en el tema. La verdad del Evangelio rebasa los límites de esta discusión. Aquí me limitaré a decir que el fin del esoterismo auténtico y de la metafísica verdadera, cualesquiera que sean sus «formas externas» y sus doctrinas correspondientes, es la pureza absoluta, la perfección absoluta y la santidad absoluta.

BB – ¿Pero crees que es humanamente posible perseguir fines tan elevados; y no acaban estos fines tan elevados desalentando incluso a las mentes más audaces?

ALF – No es importante que ese objetivo sea realmente alcanzable, pero sí que aparezca y pueda contemplarse desde lejos. Incluso la montaña más alta de nuestro planeta, el Everest, con sus 8.848 metros sobre el nivel del mar, parecía inalcanzable, pero Edmund Hillary y el sherpa Tenzing Norgay, increíblemente, consiguieron la hazaña. Lo que quiero decir es que no se pueden talar montañas sólo para impedir que alguien intente alcanzar la cima tarde o temprano. Dejemos el paisaje intacto y evitemos manipularlo. Incluso el «paisaje del Espíritu», si se me permite la metáfora, exige esta forma absoluta de respeto. Cuanto más bello, intacto y vasto sea, más atraído se sentirá el hombre por él y más deseosos estarán de recorrerlo a lo largo y ancho.

BB – En definitiva, se trata siempre de enfrentar al hombre con el infinito.

ALF – Exactamente. Ganarás no sólo la capacidad de ver y pensar en grande, sino también la capacidad de contemplar con la intensidad necesaria y la admiración asombrada la belleza y las profundidades ilimitadas de las realidades espirituales aquí y más allá.

XVI

Esoterismo y «humildad cognitiva»

Carlo Gambescia ha hablado de «humildad cognitiva» precisamente en relación con el esoterismo. En la medida en que el esoterismo ofrece un conocimiento, ¿qué puede decirse de éste? y ¿cuál es la mejor actitud que hay que adoptar ante él? Ese es el tema de esta entrevista.

BB – El sociólogo Carlo Gambescia ha mencionado su «humildad cognitiva»[134], precisamente en el contexto de sus lecturas y reseñas de obras esotéricas. ¿Cómo mantiene esa actitud cuando tiene un acceso privilegiado al conocimiento, y por qué?

ALF – Bruno, te agradezco esta pregunta, que me da la oportunidad de aclarar bien cuál es mi posición real con respecto al esoterismo. Por supuesto, no quisiera personalizar demasiado el discurso, aunque soy perfectamente consciente de que todo lo que hemos dicho hasta ahora no es más que mi opinión. Debe quedar perfectamente claro que existen puntos de vista muy diferentes e incluso posiciones irreconciliables sobre este tema.

---

[134]En https://cargambesciametapolitics.altervista.org/lumilta-cognitiva-di-aldo-la-fata/.

1. Verdad y opiniones

BB – En tu opinión, ¿de qué depende esta irreconciliabilidad y diferencia de opiniones?

ALF – Depende claramente de la diversidad con que el ser humano se relaciona con las cosas, pero también de la gran variedad de ángulos y perspectivas especulativas. Encontraremos esta falta de consenso y de acuerdo en todos los ámbitos del saber humano y el hombre debe asumirla. Heráclito en su Fragmento 53: «La guerra es la madre de todas las cosas y la reina de todas; y a unos los hace dioses, a otros hombres; a unos los hace esclavos, y a otros libres». *Pólemos* (guerra) en griego también puede traducirse como «disputa», el equivalente a controversia, discusión, riña. Como si dijéramos que las relaciones entre los hombres también se rigen por una irreductible diversidad de opiniones. Hay quienes consiguen sacar provecho de ellas y quienes no, porque al final lo que importa no son las opiniones acertadas o equivocadas, sino lo que esas opiniones hacen de los hombres que las asumen. Son los resultados antropológicos y humanos los que cuentan y no las ideas en sí.

BB – ¿Pero no es esto relativismo de ideas?

ALF – Sí, pero sólo a cierto nivel. Porque no digo que todas las ideas sean equivalentes, y no niego que haya opiniones erróneas, falsas o imprecisas y, por otra parte, ideas correctas, exactas y precisas; digo que hay que tomar nota de la falacia intrínseca de todas las ideas, del error presente en cada una de ellas, incluso en las que parecen más conformes con la verdad.

BB – En el budismo hay una máxima que dice que la opinión está alejada de lo perfecto y que la «opinión» sólo se convierte en «visión» en lo perfecto.

ALF – He aquí un criterio de verdad que sin duda puede compartirse. La verdad sólo empieza a aparecer cuando el hombre aprende a ver las cosas desde lo alto o, como sugería Spinoza, «sub specie aeternitatis». Pero debe quedar claro que este «ver» y «considerar» diferentes presupone una metanoia espiritual sin la cual se permanecería siempre en la esfera restringida del sujeto pensante.

2.   Esoterismo y riesgo de orgullo

BB – Volviendo al esoterismo, ¿no te parece que a menudo la idea que ese punto de vista sugiere a un profano, o si me permites la expresión, a un «no-iniciado», es la de un orgullo desenfrenado del que luego surge la acusación cristiana de gnosticismo luciferino?

ALF – Planteas un gran problema Bruno, porque a menudo se acusa a los «esoteristas» de soberbia, pero en realidad esta acusación debería dirigirse a los falsos esoteristas y no a los verdaderos. Los falsos esoteristas son los que presumen de ser personas especiales y creen, como dice el refrán popular, «que su huevo tiene dos yemas». A veces esta presunción está alimentada por determinadas «facultades psíquicas» que uno puede haber adquirido a través de ciertas prácticas, por lo que acaban sobrevalorándose hasta el punto de sentirse dioses en la tierra. En realidad, los verdaderos esoteristas nunca se hacen pasar por un Prometeo novelesco, sino que el camino que recorren les hace cada vez más humildes, más deseosos de no aparentar y de esconderse del mundo.

BB – Pero entonces, ¿por qué existe también este malentendido cuando nos referimos al esoterismo más auténtico?

ALF – Yo diría que esto ocurre sobre todo entre los cristianos más desconfiados y cerrados de mente, que no aceptan que pueda haber algo más allá del control del Magisterio. En otras culturas y tradiciones espirituales ni siquiera se plantea la cuestión.

BB – ¿Ejemplos?

ALF – Confundimos a los esoteristas con los magos, con los *médiums*, con los hechiceros, y las prácticas esotéricas con la fabricación de filtros y amuletos, cuando son realidades muy diferentes que no se parecen ni remotamente, aunque en ciertas librerías autodenominadas esotéricas se encuentren elementos de una y otra hermosamente superpuestos e intercambiables, desde la cartomancia hasta René Guénon. Además, los cristianos suelen identificar esoterismo con herejía gnóstica o, peor aún, con satanismo. En otros lugares, como la India, Asia o África, el esoterismo no se cuestiona porque ni siquiera existe una palabra para designarlo. En esos lugares, a nadie se le ocurriría decir que un chamán es un arrogante presuntuoso que desafía al Cielo o un peligroso hereje que «comercia con demonios» o con el infierno. Son «nuestras» categorías, me refiero a las de nosotros, occidentales y europeos, que no tienen carácter universal.

BB – Entonces, ¿la acusación de ὕβρις (*hybris*) para definir la arrogancia y la altanería de ciertos individuos y ciertas formas de pensamiento «esotérico» es, en tu opinión, exagerada o errónea?

ALF – Yo diría que si se dirige al verdadero esoterismo, carece de fundamento, pero no cabe duda de que el orgullo es un hecho real y que es un vicio capital. Y este «vicio» puede aquejar a cualquiera, incluso a un Papa. Limitémonos a decir que ciertas ideas o doctrinas pueden alimentar actitudes desproporcionadas e incluso comportamientos éticamente cuestionables. Pero, o bien se trata de doctrinas esotéricas ya corrompidas, o bien de malas interpretaciones de las mismas.

BB – ¿Y cómo reconocerlos?

ALF – Yo diría, en general, por los malos frutos que producen. Si la fuente es pura, la participación en esa fuente no puede generar más que buenos frutos en términos de verdadera espiritualidad, sabiduría y conocimiento humano. Cuando se manifiestan actitudes desequilibradas o fuera del eje, se trata sin duda de falsificaciones, o de puras y simples elucubraciones mentales.

3. Esoterismo y humildad

BB – Así que, como has dicho, lo importante no son los contenidos, sino los efectos que tienen en el individuo que los toma.

ALF – Reitero que no niego que el contenido sea importante. Sólo digo que al final lo que cuenta es lo que uno saca de él para sí mismo y para su crecimiento espiritual. Crecimiento como desarrollo armónico e integral de la persona y crecimiento como toma de conciencia del límite del «yo». A esta conciencia la llamo «humildad». Cuanto más se avanza en el camino del conocimiento (esoterismo-gnosis), más se aparta el yo, retrocede hasta desaparecer. Juan el Bautista: «Él debe crecer y yo disminuir».

BB – Pero, ¿por qué el esoterismo debería ser un camino privilegiado?

ALF – En realidad, sólo es un camino preparado para quienes pueden recorrerlo.

BB – Pero todo este «conocimiento», ¿no corre el riesgo de crear una especie de cortocircuito cognitivo en las mentes de quienes lo asumen sin precaución y, sobre todo, sin una preparación previa adecuada?

ALF – Por supuesto. Por eso es importante la «humildad cognitiva», porque sólo esta humildad de espíritu puede salvarnos del cerebralismo y del intelectualismo como fin en sí mismo, condición que aqueja a muchos «esoteristas» contemporáneos o presuntos. Almacenar «doctrinas esotéricas» en el cerebro por mera curiosidad carece de sentido y es un ejercicio totalmente inútil, además de peligroso para el propio equilibrio mental. Otra cosa es iniciarse en el esoterismo por razones de estudio o incluso por un auténtico y ardiente deseo de conocimiento. Pero es precisamente en esta segunda y tercera hipótesis donde se requiere una buena dosis de humildad cognitiva, sobre todo porque se trata de un tema extremadamente magmático y que requiere más introspección e intuición creativa que racionalidad y razonamiento. La mente, llegado a cierto punto, debe saber detenerse.

BB – Una actitud prudente tampoco vendría mal.

ALF – Ciertamente. La actitud verdaderamente científica debe ser siempre de prudencia. Desde un punto de vista científico, es un profundo error defender una tesis exclusiva o burlarse de quien defiende una tesis diferente u opuesta. Los grandes filósofos nunca lo han hecho y, por el contrario, siempre se han esforzado por comprender (de «intelligere» dirían los latinos) antes de juzgar. Y ésta debería ser también la costumbre de cualquiera que se aplique al estudio del esoterismo.

4. Esoterismo erudito y arrogancia

BB – Digamos que esta costumbre debería ser de todos. Pero, ¿te parece que hay tanta arrogancia en los estudiosos del tema?

ALF – A veces sí. Hay una tendencia a apegarse demasiado a las propias tesis o a las claves de interpretación que uno cree o se engaña a sí mismo creyendo. Ojo, es un problema que también afecta a los teólogos, que también tienden a apegarse a sus conclusiones. Pero entonces interviene el Magisterio eclesiástico para supervisar, controlar, guiar y reconducir las opiniones del teólogo por el buen camino de la ortodoxia. Para el esoterismo nunca ha habido un órgano de control, una autoridad supervisora..., o mejor dicho, nunca lo hubo hasta que apareció René Guénon (risas).

BB – Guénon, ¡el guardián de la ortodoxia esotérica!

ALF – Sí, y créeme, alguien como él era realmente necesario, si tenemos en cuenta el descrédito en el que el ocultismo del siglo XIX había sumido al verdadero esoterismo.

BB – Sin embargo, incluso Guénon se le acusa de presunción.

ALF – Sin embargo, creo que esta acusación carece por completo de fundamento. Guénon era una persona extremadamente humilde —los que le conocieron en persona han dado testimonio de ello—, pero también sus cartas nos hablan de un hombre muy prudente y sabio. Y por otra parte, si no fuera así, no se podría explicar su perspicacia, su inteligencia, su capacidad para penetrar en las verdades más difíciles, dones que han hecho literalmente «escuela». Ningún esoterólogo o «esoterista» —suponiendo que quede alguno vivo— puede prescindir de Guénon. Él es la brújula infalible y sin sus enseñanzas quién sabe cuántas tonterías podríamos haber dicho sobre el esoterismo en esta entrevista.

BB – ¡¡Guénoniano hasta la médula!!! (risas) Entonces, ¿afirmas que la humildad puede proteger al esoterista (pero también al esoterólogo) del error?

5.   La humildad como criterio

ALF – Desde luego, pero no siempre. También se puede errar siendo humilde. Sin embargo, la humildad está estrechamente relacionada con la verdad. No hay verdad sin humildad. San Agustín: «Fue el orgullo el que convirtió a los ángeles en demonios; es la humildad la que hace a los hombres iguales a los ángeles»[135]. No hay verdadera inteligencia sin humildad y no cabe duda de que la medida del conocimiento *depende* en cierto modo del grado de humildad. Sólo en esta *dependencia* está el conocimiento y la comprensión, la gnosis.

BB – Por lo que respecta a Guénon, no cabe duda de su humildad confirmada, llegado el caso, por su negativa a erigirse en maestro y a tomar discípulos. Sin embargo, su lado «profesional», categórico por una cierta matematización de las ideas, presenta dos caras: una parece alejarle de un esoterismo y de una metafísica menos conceptual o supralógica —lo que para algunos puede ser la causa de un cierto reduccionismo—, la otra es que su lenguaje construido y racional le permite ser escuchado por muchos y, como dice J. Borella, restaurar, al menos en Occidente, la posibilidad de una intelectualidad sagrada, algo que ha beneficiado a más de uno.

ALF – Guénon se dirigía a un público de lectores cultos y a menudo muy cultos y se dirigía a ellos con el mismo lenguaje de un filósofo riguroso, pero la subjetividad especulativa que había en él nunca tomó el relevo de la «personalidad espiritual» que se ponía al servicio de la Tradición. Si se examinan bien sus escritos en su conjunto, creo poder afirmar sin temor a equivocarme que se limitó a trazar una especie de «línea» entre lo que es tradicional y lo que no lo es. Su «punto de vista» no es un monolito impenetrable, sino una perspectiva universal.

BB – ¿Y los demás «maestros» del esoterismo? ¿Quién fue, en tu opinión, el más presuntuoso?

ALF – ¡¿Quizá querías decir «falsos maestros»?! (Risas) A modo de ejemplo, aquí me limitaría a nombrar a un Giordano Bruno que, con su carácter impetuoso, tuvo algunas expresiones notables de

---

[135] *Cf.* sermón 123.

presunción que nunca parece haber sabido diluir o corregir. En un Marsilio Ficino y más aún en un Pico della Mirandola, estos excesos personalistas y temperamentales no se notan o en mucha menor medida. No es casualidad que el interés y la notoriedad de Giordano Bruno aumentaran precisamente con el Siglo de las Luces y que su obra influyera en el príncipe de los filósofos racionalistas, Descartes.

BB – Una persona difícil de manejar. ¿Y entre los contemporáneos?

ALF – De nuevo a modo de ejemplo, diría un Arturo Reghini. Como estudioso era excelente, pero como hombre tenía serias limitaciones. Algunas de sus intemperancias críticas e hipercríticas hacia el cristianismo son, espiritualmente hablando, incalificables, poco generosas y nada «esotéricas». Un Julius Evola, que durante un tiempo mantuvo una gran amistad con él y que también se le parecía en muchos aspectos, acabó siendo más «tradicional» que él (lo cual lo dice todo).

BB – ¿Y entre los autores que se inspiraron en la obra de René Guénon había algún arrogante?

ALF – No realmente arrogantes diría yo, salvo ciertos admiradores suyos que le idolatraban hasta tal punto que desfiguraban su imagen y traicionaban su obra. Estos últimos a menudo se apropiaban de los conocimientos que recibían y los utilizaban como una maza contra todos los que no pensaban como ellos. Evola hablaba a este respecto de un «escolasticismo guenoniano intransigente»[136], pero no es fácil ser discípulo cuando el maestro está tan por encima de nosotros. Ser discípulo es un arte que implica la capacidad de cambiar, de transformarse, de adquirir la propia autonomía, y desgraciadamente no todo el mundo es capaz de ello.

BB – Si no quieres nombrar a los «arrogantes», ¿puedes al menos

---

[136]En *Quaderni di testi evoliani* nº 19, Fondazione Julius Evola, Roma 2001. Evola se refería sobre todo a la «Rivista di Studi Tradizionali» de Turín fundada por Roger Maridort. Sin embargo, las contribuciones de escritores cuyos seudónimos eran Pietro Nutrizio y Giovanni Ponte en la primera serie (1961-2003) y Amedeo Zorzi en la segunda iniciada en 2012, y aún activa en la actualidad, son expresión de una auténtica comprensión de la obra de Guénon que no era ni es simplemente libresca. Entre otras cosas, la revista está vinculada a una *Tariqa* cuyo *Shaykh era* el propio Maridort.

nombrar a los que no lo eran?

ALF – Sin duda, Titus Burckhardt (1908-1984) y Ananda Kentish Coomaraswamy (1877-1947), que a lo largo de su vida nunca pontificaron y siempre dieron muestras de gran humildad y sabiduría. En ellos no se percibe la intrusión ni el dominio del ego. Por otra parte, los signos más evidentes de humildad son la mansedumbre, la modestia y la docilidad, cualidades en las que sobresalieron los dos buenos eruditos.

BB – El Papa Francisco habla a menudo del orgullo como la actitud más peligrosa para la vida de un cristiano y los Doctores de la Iglesia temen el «orgullo espiritual». . .

ALF – Y tienen razón, aunque calificar de «espiritual» un sentimiento unilateral del sujeto como la excesiva autoestima es un oxímoron teológico y antropológico. Habría que hablar de orgullo antiespiritual. En cualquier caso, la Iglesia utiliza esta expresión para definir a un sujeto que afirma querer elevarse por encima de Dios, que presume no sólo de sus obras como si fueran suyas, sino también de sus supuestos privilegios espirituales.

BB – Es un riesgo que se teme especialmente cuando se ha emprendido un camino espiritual. Ciertos «logros» pueden reforzar el ego en lugar de debilitarlo, ¿no crees?

ALF – Sin duda. El riesgo es entonces mucho mayor si las pretensiones y expectativas del sujeto son muy elevadas, como puede ser el caso de quienes se mueven desde una perspectiva «esotérica». De hecho, este «camino» puede prever un fortalecimiento del ego en una fase temprana. De ahí la necesidad de un maestro o «padre espiritual» sin el cual, hay que decirlo con firmeza, no se llega muy lejos, a menos que se cuente con una ayuda especial desde lo alto.

BB – Por otro lado, reconocer la necesidad de un maestro espiritual ya es un acto de humildad.

ALF – ¡Por supuesto! Si se consideraran las cosas desde este ángulo, se evitarían muchas meteduras de pata y errores de juicio. Por supuesto, entonces hay que tener cuidado con los «falsos maestros» y en el ámbito esotérico —pero deberíamos decir pseudoesotérico— el riesgo es muy alto.

BB – ¿Saber reconocerlos es también una cuestión de «humildad»?

ALF – Digamos que tiene más que ver con la astucia: «Sed, pues, prudentes como serpientes y sencillos como palomas» (Mateo 10:16). Pero, ¿tener sentido de la proporción (la definición de humildad de Schuon), es decir, ser consciente de las propias limitaciones, no es también una cuestión de «prudencia»? La prudencia no puede prescindir de la humildad, y la imprudencia, por el contrario, es un acto de soberbia.

BB – Aldo, pero en este capítulo se suponía que íbamos a hablar de «tu» humildad cognitiva y en vez de eso acabamos hablando de la humildad en general como cualidad espiritual. ¿No estamos fuera del tema?

ALF – Poco importa que mi actitud intelectual haya acompañado siempre o no mis estudios esotéricos. Aquí sólo quería recordar la importancia de una virtud que no sólo debe caracterizar al estudioso de cualquier disciplina, sino que está en la base de todo itinerario espiritual y sin la cual el camino, cualquier camino, se interrumpe o decae inmediatamente. Incluido el estrecho, estrechisimo, camino del esoterismo.

XVII

¿Qué es el esoterismo?

Después de semejante visión de conjunto de la cuestión, era absolutamente necesario intentar una definición del esoterismo. Ése era el propósito de esta entrevista final.

BB – Hemos revisado una serie de esoterismos. Hemos comparado el esoterismo con la ciencia, la religión y la metafísica. Por último, hemos considerado los esoterismos «tradicionales» en el espacio y el tiempo. Llegados a este punto, ¿podemos intentar dar una definición de esoterismo?

ALF – Una definición es una delimitación de fronteras conceptuales. Un concepto, a su vez, es un pensamiento definido e idealmente configurado y formulado. Por tanto, con las definiciones y los conceptos nos situamos en el ámbito de las palabras humanas, mientras que para enmarcar el esoterismo, que es algo que está en el mundo pero no es del mundo (*Jn* 17:14), también tendríamos que ir más allá de lo decible.

BB – Y así, a la pregunta: «¿qué es el esoterismo?», ¿debemos quizás responder con el silencio?

1. Esoterismo, hacia una definición

ALF – En realidad sería una buena forma de despedirse, una forma esotérica (risas). Digamos que ante ciertas preguntas deberíamos

179

comportarnos como Jesús en el episodio de la adúltera

BB – Y así, para el resto de nosotros, que somos enanos a hombros de gigantes, todavía hay lugar para las palabras; palabras que no son definitivas pero sí concluyentes de lo que hemos dicho hasta ahora.

ALF – Sí, llegados a este punto, es justo sacar conclusiones. Empezamos explicando el significado etimológico de la palabra «esoterismo» y esbozamos su contexto histórico, antropológico, cultural y espiritual. Quienes nos leyeron y no lo conocían aprendieron más sobre la genealogía de la palabra, su evolución y las distintas realidades a las que ha estado vinculada. También vimos cómo, por así decirlo, «resuena» en cada uno de nosotros de manera diferente y cómo se ha convertido en una palabra mágica, una palabra que evoca una realidad misteriosa e intangible. De ahí, por un lado, su gran «poder» evocador y, por otro, el estigma colectivo que lleva aparejado y del que no parece que podamos liberarnos fácilmente.

BB – ¿Cuál sería el «poder sugestivo» que ejercería esta palabra?

ALF – La de persuadir de la existencia de una realidad oculta, escondida a nuestra vista y a nuestros sentidos o incluso ignorada porque se oculta o se oculta deliberadamente. Es este halo de misterio que la rodea lo que la hace fascinante y, al mismo tiempo, es este secretismo lo que la desprestigia. Todas las perplejidades o, por el contrario, todos los entusiasmos que suscita una palabra así se ven fomentados precisamente por esta vaguedad histórica y semántica.

BB – En tu opinión, ¿ni siquiera este intento de aclaración cambiará esta situación?

ALF – No, ¡realmente no creo que cambie! Siempre tendremos a los que identificarán el esoterismo con un montón de tonterías y a los que, por el contrario, lo considerarán como una ciencia más, como una ciencia de frontera, como un conocimiento total vedado a la mayoría de la gente y como un misterio. Y aunque alguien más cualificado que nosotros intentara arbitrar esta irresoluble disputa, no lo conseguiría y, en el mejor de los casos, se vería obligado a suspender el juicio.

BB – Quizá se decidió tomar en serio todo el asunto un poco tarde y para entonces ya había caído en el terreno del malentendido.

ALF – Creo que la esoterología del siglo XX ha hecho una contribución importante en el plano de la clarificación histórica, pero hay una dimensión extradocumental y extrahistórica que sigue y siempre seguirá escapando. El esoterista no debe ser muy diferente de un teólogo que sabe que, para comprender lo que tiene entre manos, primero debe «creer». Por eso, en mi opinión, los mejores esoteristas son aquellos que se toman el esoterismo muy en serio y que están animados, por así decirlo, por un espíritu de fervor casi religioso.

BB – ¿Puedes decir algunos nombres?

2. Algunos esoteristas actuales o contemporáneos

ALF – Jung (1875-1961) fue, en mi opinión, un excelente esoterista, quizá uno de los más talentosos y competentes. Las páginas que escribió sobre este tema son extraordinariamente ricas y estimulantes. Y aquí no entro en los méritos del encuadre psicológico o psicoanalítico que dio al tema, que desde mi punto de vista es profundamente erróneo, además de metafísica y espiritualmente inaceptable. Lo encomiable y admirable es el marco de competencia y seriedad que ha dado al tema. Grandes mitógrafos como K. Kerényi (1897-1973), J. Campbell (1904-1987) y J. Hillman (1926-2011) no habrían existido sin él. Y también para Mircea Eliade el encuentro con Jung fue decisivo en la cristalización de su pensamiento y la construcción de su léxico.

BB – ¿Otros nombres?

ALF – Pues bien, en el primer caso diría que el romano Julius Evola (1898-1974), y en el segundo el turinés Elémire Zolla (1926-2002). Ambos estuvieron condicionados en sus inicios por construcciones ideológicas opuestas de origen alemán, Evola por la *Konservative Revolution* y Zolla por la *Frankfurter Schule*. Pero ambos trataron el tema del esoterismo en su conjunto, ofreciendo una visión muy amplia y completa. Evidentemente, desde mi punto de vista siguen siendo cuestionables algunas de sus interpretaciones, que calificaría

más de «arreligiosas» que de suprarreligiosas, pero en Europa y en
el mundo no ha habido nadie a su nivel y eso hay que reconocerlo
honestamente.

BB – ¿Y René Guénon? También él puede considerarse un esoterista,
¿no crees?

ALF – Ciertamente. Guénon investigó el esoterismo desde dentro
y digo que con más capacidad de penetración que nadie, incluidos
Jung, Evola y Zolla.

BB – ¿Y en la actualidad? ¿Hay alguien vivo a la altura de estos
grandes?

ALF – En Francia existe la *Ecole pratique des hautes études* y hay
estudiosos destacados como Jean-Pierre Brach y Jean-Pierre Laurant,
de los que ya he hablado. Quizás podría añadir al austriaco Hans
Thomas Hakl[137] que ha desarrollado una experiencia excepcional en
el tema y que posee quizás una de las bibliotecas más bellas y bien
surtidas del mundo sobre el tema, creo que incluso mayor que la
reunida por Umberto Eco.

BB – ¿Y en Italia?

ALF – En Italia, entre los más importantes y autorizados citaría a
Alessandro Grossato, Nuccio D'Anna, Claudio Lanzi y Dario Chioli.
A decir verdad, no hay tantas otras excelencias en el mundo en el
campo del esoterismo, pero hay estudiosos de talento que no escriben
y de los que no se sabe prácticamente nada. Yo mismo he conocido
a varios de ellos a lo largo de mi vida.

BB – Digamos que hay que leer mucho y documentarse para entenderlo, y no es material fácil de encontrar. Pero, en tu opinión,
¿existe un nivel de comprensión aceptable para el hombre de la calle
que somos nosotros?

ALF – Por supuesto, porque la erudición sirve a los eruditos, pero
quien se afiliara a una organización esotérica sólo conocería lo mínimo
necesario para seguir su camino. Sólo contarían la aptitud, el temperamento, las virtudes, la vocación, la paciencia, la perseverancia, el

---

[137]Licenciado en Derecho (Universidad de Graz, 1970), creó la editorial Ansata-
Verlag, especializada en el campo del esoterismo, y fundó la revista esotérica y
universitaria «Gnostika», de la que sigue siendo coeditor.

compromiso y, en definitiva, todas aquellas cualidades humanas e intelectuales que constituyen la premisa necesaria e imprescindible.

BB – ¿Y cuál sería entonces la definición de esoterismo que podría darse al hombre de la calle dotado de estas cualidades y, por tanto, «capaz de comprender»?

3. Esoterismo, el camino de lo invisible

ALF – Bien, se le podría responder que el esoterismo es ese camino que le familiarizará con lo invisible, o mejor dicho, con el Alma. También podríamos decirle que es la experiencia del Alma lo que le espera; una anticipación de lo que se experimenta con la muerte y después de la muerte. Y quizás diciéndole esto podríamos también disuadirle de intentar este camino, que no es ciertamente el camino del bienestar o de la felicidad como algunos ingenuos o desinformados imaginan.

BB – ¿Un camino, entonces, que abre las puertas de la percepción y de lo invisible?

ALF – Sí, una vía que amplifica las percepciones sensoriales más allá de la materia y de lo visible; que nos hace más capaces de atención y agudiza la inteligencia haciéndola capaz de verdadera comprensión. Con el esoterismo, uno cruza lo que Plinio el Viejo llamaba la «línea summae tenuitatis»[138], la línea más delgada que separa lo visible de lo invisible.

BB – Y una vez cruzada esta «línea», ¿qué es del esoterista?

ALF – Donde el exterior y el interior coinciden, donde ya no hay un interior y un exterior, uno renace y se libera de las ilusiones de este mundo. En este punto, el esoterista puede convertirse en una criatura simple, esencial y pura, como lo fueron Buda y Laozi.

BB – Con estos nombres, volvemos a la idea de un camino reservado a unos pocos elegidos.

ALF – Bien, no podemos negar que hay pocos hombres, si es que hay alguno, que posean la aptitud adecuada para este Camino. Pero

---

[138]En *Naturalis Historia*, Liber xxxv, 81-83.

a fin de cuentas, no me parece que sea un concepto tan difícil de aceptar. Siempre han existido genios en todos los campos y no vemos ninguna razón para que no existan también en el campo espiritual. Una vez aceptado que tales personas existen, es necesario que para sus talentos la Providencia les proporcione los medios adecuados, digamos los más adecuados para sus «necesidades espirituales».

BB – Si no me equivoco, Guénon era el representante de un «esoterismo sacerdotal», contemplativo. Otros, como Evola por ejemplo, hablaban de un esoterismo destinado a la clase guerrera, no subordinado sino alternativo al esoterismo sacerdotal. De ahí un cierto desacuerdo entre ambos. Además, sabemos que también hubo un esoterismo adaptado a la clase artesana e incluso para lo que los hindúes llamarían los «parias» — pienso en el tantrismo como «vía de la mano izquierda» y otras vías similares. Independientemente de cómo lo vieran Guénon o Evola, ¿no son todas estas diferencias entre los diversos esoterismos pruebas fácticas de una realidad no unificada?

4. Esoterismo: lo uno y lo múltiple

ALF – Podría responder diciendo que el ansia de verdad anima a todos los hombres en general y que es justo que a cada uno se le conceda su propio Camino. El esoterismo es una realidad plural, no cabe la menor duda. Hay un arte sacerdotal, un arte profético, un arte real, un arte artesano, un arte obrero, etc. Todas son artes adecuadas a la naturaleza de los seres humanos que las ejercen. El problema, en todo caso, es que ¡ya no hay escuelas, caminos y organizaciones que las enseñen ni maestros que las transmitan adecuadamente! El esoterismo se ha convertido en un objeto de estudio de especulación intelectual, un hecho literario, una actividad extra laboral, un *pasatiempo*, una evasión y un escape de la realidad.

BB – ¿El esoterismo está realmente en mal estado? Si observamos los «desarrollos personales», que son su opuesto, refugiarse bajo la bandera del esoterismo podría llevarnos a pensarlo. Entonces, ¿cuál sería el rasgo fundamental y distintivo del verdadero esoterismo?

ALF – En pocas palabras, diría que el rasgo discriminante es la tensión polarizada entre lo visible y lo invisible; la capacidad de hacer de la carne, espíritu y del espíritu, carne. Este objetivo pertenece a todo esoterismo auténtico. Todo lo que traicione o niegue esta polaridad es un falso esoterismo, un esoterismo desviado o un no esoterismo.

BB – ¿Se desvían el materialismo y el espiritualismo de esta polarización necesaria?

ALF – Desde luego que sí. Si lo piensas bien entonces, estas dos posturas son especulares y sólo aparentemente antitéticas. Y no es casualidad que sean desviaciones inducidas por creencias religiosas erróneas. El materialista rechaza el más allá por una sobrevaloración de la materia y el espiritualista se centra en el más allá por una infravaloración de la materia. Del mismo modo, el idealista cree que toda la realidad es atribuible al pensamiento y niega tanto la materia como el Espíritu. Estas concepciones desembocan inevitablemente en el irrealismo y pueden ser precursoras de «salidas del mundo» falaces o generar formas de alienación.

BB – Estoy de acuerdo. La doctrina de la resurrección de la carne, tal como la conocemos en el cristianismo, resuelve la separación artificial del espíritu y la materia por integración.

ALF – Es cierto, aunque a veces los propios cristianos parecen olvidarlo. A este respecto, recuerdo lo que Gustav Meyrink escribió en su famosa novela *El dominico blanco*: «El secreto de todos los secretos, el misterio de todos los misterios, es la transmutación alquímica del... cuerpo» (p. 159, Fratelli Bocca, Milán 1944). El esoterista ha comprendido que la realidad no se compone de opuestos, sino de complementarios, y busca realizar su síntesis en sí mismo. En este sentido, el esoterismo se basa en una concepción más amplia y menos contradictoria de la realidad. Una de las causas del materialismo y del ateísmo de masas ha sido la supresión del «mundo intermedio» no sólo por la Ciencia, sino también por la Religión. En este sentido, el esoterismo es más científico que la ciencia y más religioso que la religión porque su idea de la realidad integral, que incluye mundos invisibles pero muy reales y experimentables, no requiere de saltos lógicos y teóricos como la ciencia, que no puede explicar muchos acontecimientos de la vida y muchos aspectos de la realidad, y como la religión, que separa claramente esta vida de la otra y relega el mundo intermedio al reino de Satán. El aumento de las enfermedades psiquiátricas y de los trastornos mentales son la consecuencia fatal de una concepción unilateral de la realidad y de una vida espiritual desanimada o desvinculada de la realidad. Por supuesto, la mía no es una crítica a la religión, sino a una determinada concepción sociológica o espiritualista de la religión; del mismo modo, no es una crítica a la ciencia, sino al materialismo científico y al cientificismo.

5. Esoterismo: mediador entre ciencia y religión

BB – Así, la perspectiva esotérica también podría tener la tarea de estimular a la religión y a la ciencia para que no circunscriban demasiado sus respectivos dominios y consideren la posibilidad de otras vías cognitivas y otros «métodos de investigación», como enseñaron básicamente Platón y Aristóteles.

ALF – Sí, sinceramente lo creo. El esoterismo, si se toma en serio, podría tener una función mediadora entre la religión y la ciencia. Un tercer término de comparación capaz de mitigar y equilibrar su unilateralidad.

BB – ¿Podría ser ésta la misión del esoterismo especulativo en el siglo XXI?

ALF – Más que esoterismo especulativo, yo diría cosmovisión ligada a sus doctrinas. Ciertamente existe el riesgo de que el esoterismo pierda su dimensión más interna y verdadera, su verdadera función «iniciática» y espiritual. Pero llegados al punto en que nos encontramos, hay que hacer algo para salvar lo salvable, y el esoterismo podría echar una mano.

BB – Así que ¡esperemos que este libro sea útil en ese sentido!

ALF – Sí, yo también lo espero de todo corazón, aunque lo creo poco probable.

BB – ¡No pongamos límites a la Divina Providencia!

ALF – ¡Eso es todo lo que necesitamos! (risas)

BB – Muy bien Aldo, también hemos llegado al final de este último capítulo. ¿Te gustaría añadir algo?

ALF – Sí, sólo quisiera añadir que ha sido un honor y un placer tenerte como interlocutor en esta entrevista, y te agradezco tus preguntas, siempre inteligentes, educadas, oportunas e incisivas, que me han permitido expresar mis pensamientos libremente y sin censura. Espero haber aportado elementos de reflexión útiles.

BB – Soy yo quien te da las gracias, Aldo, y te pido que cierres con una cita de algún exponente serio y cualificado del auténtico esoterismo.

ALF – Muy bien, entonces terminaré con las palabras de Plotino de su famoso libro *Las Enéadas*: «La enseñanza sólo viene a mostrar el camino y el recorrido, pero la visión será del que quiera ver» (Capítulo VI, 9, 4.).

¿QUÉ ES EL ESOTERISMO?

Anexo: El árbol sefirótico

- «Arriba» el éter y, por tanto, la autorreceptividad o vacío de *Kether* y *Chochmah*, es decir, *Binah*, en el que el Uno se contempla como en un espejo; «abajo» es la auotorreceptividad cósmica o vacío cósmico del Uno, es decir, *Malchuth*, que se «condensa», por así decirlo, en la sustancia primordial increada y creadora.

- En otras palabras: lo que en *Kether* es «la nada» y en *Binah* es el vacío puro e infinito, se convierte en *Din* (*Gewurah*) en concentración creadora, en *Hod* en receptividad creadora y, finalmente, en sustancia receptiva y creadora primordial en *Malchuth*.

- Esta «substanciación» inmaterial y puramente arquetípica tiene su correspondencia luminosa en *Ehyeh*, el «ser» de *Kether*, cuya plenitud luminosa (*Jojmá*) se manifiesta a través de *Jesed*, para recibir en *Tiphereth* su forma primordial supraformal y verterse luego a través de *Nezach* como *Jesod* «vida de los mundos», en la substancia primordial (*Malchuth*)

— Léo Schaya, *L'uomo e l'assoluto secondo la Cabala*,
Rusconi, Milán 1976, p. 77

189

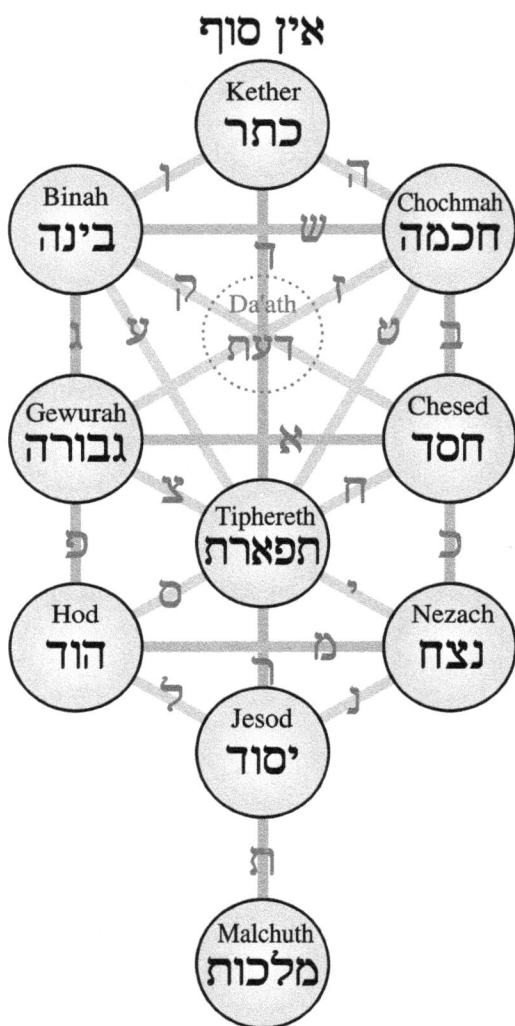

Figura 1: Proceso de sustanciación de principios según el simbolismo de la *Cábala* (Imagen de *AnonMoos*; Dominio público - https://commons.wikimedia.org/w/index.php?curid=37497127)

Epílogo

de Jean-Pierre Brach

EL LECTOR DE ESTE LIBRO se habrá dado cuenta fácilmente de que, a pesar del título, no se trata de una nueva versión de *Esotericism for Dummies*. Más que una definición académica o de otro tipo, difícil de formular y a menudo de utilidad ilusoria (véase el último capítulo), «*L'esotérisme pour tous*» ofrece en realidad los medios para un *discernimiento* sobre el esoterismo, su naturaleza y sus funciones.

Sin ignorar la dimensión histórica del tema ni la idiosincrasia de algunos autores más o menos célebres en el ámbito correspondiente, este discernimiento pretende tener un carácter primordialmente espiritual, ya que trata el esoterismo como un *enfoque* presente en los contextos más diversos y, en este sentido, universal, pero también religioso y culturalmente diferenciado en relación con los distintos ámbitos.

La elección de la forma dialógica confiere al texto una apreciable flexibilidad, permitiéndole moverse con facilidad entre distintos registros —histórico, temático, autobiográfico, etc.. Siempre bien documentados, los diecisiete capítulos evitan el doble escollo de una erudición sin límites o de una búsqueda de exhaustividad de

191

fachada, y ofrecen una panorámica del esoterismo caracterizada por una referencia central —pero no exclusiva— al cristianismo, por una parte, y a la obra de René Guénon, por otra parte.

Aunque la perspectiva dominante de la obra es efectivamente cristiana, e incluso netamente católica, intenta valientemente distinguir entre ambas, arrojando luz sobre las formas en que podría manifestarse un «esoterismo cristiano» y evocando así su relación con la religión común, o comparando sus posibles características con las de otras formas de esoterismo vinculadas a otras creencias tradicionales. La conciencia, al menos hasta el siglo IV, de la existencia de «tradiciones secretas» en el seno del cristianismo primitivo, puesta de relieve —después de algunos Padres griegos— por historiadores tan diversos como A. Daniélou, J. Jeremias y G. G. Stroumsa, apoya la idea de que no hay incompatibilidad *a priori* entre esoterismo y mensaje crístico, contrariamente a la opinión demasiado extendida, a la que se ha opuesto recientemente el padre Jérôme Rousse-Lacordaire, O.P.

Sin querer entrar en detalles que no tienen cabida en un mero epílogo, y sin ocultar siquiera la ausencia casi total de pruebas documentales para establecer la continuidad histórica real de estas tradiciones, ni la naturaleza exacta de las técnicas o medios utilizados en este contexto, sobre los que los autores antiguos han permanecido prácticamente en silencio, parece prevalecer el aspecto propiamente gnoseológico, es decir, relativo al «conocimiento espiritual». Este tipo de «conocimiento» se produce presumiblemente por asimilación vivida más que por acumulación erudita, y apela sobre todo a la intuición suprarracional ya apreciada por Aristóteles, los neoplatónicos e incluso los Padres de la Iglesia. Se trata de una posible conexión con otros enfoques confesionales, como la metafísica hindú, por ejemplo, y con el enfoque «tradicional» defendido en su época por R. Guénon.

También hay que señalar que el fuerte resurgimiento del interés por la cuestión de la «divinización» en el seno del cristianismo latino desde finales de los años treinta está, de hecho, estrechamente vinculado a la doctrina del «intelecto trascendente» y a su redescubrimiento bajo la influencia de ciertos teólogos de la *diáspora* ortodoxa rusa, en particular los franceses. Aquí, la idea central es la del «conocimiento por connaturalidad», que no es sólo especulativa en sentido abstracto, sino también práctica en la medida en que apunta a consumar la unión «sabrosa» (es bien sabido que «sabor» y «sabiduría» comparten la misma raíz) que es un don de gracia del Espíritu a la mente. Hace algunos años, el renacimiento contemporáneo de los estudios sobre los representantes de la corriente mística medieval llamada «renano-flamenca», confirmó la importancia de esta «contemplación intelectual infusa», por utilizar el lenguaje supradiscursivo de ciertos escolásticos, que el teólogo dominico E.P. Noël ya había puesto de relieve algunos años antes de la Gran Guerra (el hecho es suficientemente excepcional en Francia y en aquella época como para ser recordado), en la nota que acompañaba su edición parisina de las obras de G. Taulero.

La convergencia de la ontología y el conocimiento, es decir, la síntesis entre la actividad del intelecto, la de la voluntad en el plano ascético-moral y la intervención de la gracia divina, condiciona en primer lugar la necesidad concreta de transformación espiritual que está naturalmente en el corazón de la vía cristiana y que anima también —*mutatis mutandis*— la vía de otros planteamientos confesionales. En tiempos que ignoran el recurso al registro conceptual o al vocabulario del «esoterismo» propiamente dicho, éste puede ocultarse tras el ejercicio de la virtud práctica y transformadora atribuida a la contemplación, o centrarse en algunos medios rituales discretos más que en el contenido doctrinal que subyace y es, en principio, accesible a todos. Este énfasis en el secreto de las «técnicas» es una constante en las religiones orientales (yoga, alquimia china, etc.), pero también se encuentra, en igualdad de condiciones, en el hesicasmo, la cábala judía y el sufismo. Un aspecto importante es también la reivindicación más o menos explícita de un contacto unitivo con la divinidad obtenido directamente *en esta vida*, reivindicación ya presente, por otra parte, en la teurgia y el hermetismo helenísticos y —más tarde— en la Cábala cristiana del Renacimiento. Desde finales del siglo XV, además, la supuesta similitud entre esta última y la invocadora «magia angélica» contribuye en no poca medida a la asimilación de la religión con la magia y la Cábala, en la medida en que la primera se considera a veces como una «espiritualización» de la segunda, y ésta, a su vez, como exteriorización de los efectos unificadores *de la ascensio mentis* en el orden cósmico y humano, mientras que la Cábala se considera capaz de conducir al hombre, por medios similares, al *éxtasis* místico y a diversas formas de angelomorfosis.

Por razones complejas que no es en absoluto posible analizar aquí, a partir de finales del siglo XVII, ciertas corrientes del pietismo luterano de habla alemana, predominantemente teosóficas (en el sentido böhmiano del término), desarrollaron una práctica de «alquimia interior» que pretendía sobre todo combinar la devoción cristiana, la medicina y la transmutación con vistas a la regeneración física, que en esta perspectiva se confunde con la unión deificante entendida aquí más específicamente en términos de curación espiritual y renacimiento corporal. El tema de la encarnación de Cristo, combinado con el de su crecimiento como «hombre interior» (en parte heredado de la literatura renano-flamenca), constituye la base de esta forma particular de «esoterismo protestante», un tanto ecléctico en términos doctrinales (como en muchos círculos pietistas) y al que posteriormente se han aplicado a menudo etiquetas «rosacrucianas» o «ilustradas», que históricamente no están muy justificadas, aunque se aplicaran en un contexto masónico, donde se generalizaron especialmente después de 1740.

En cuanto al ocultismo posterior (el término se remonta al siglo XIX), favoreció la aparición de una socialidad «esotérica» y la creación de salones, librerías, revistas y almanaques especializados; subrayó la importancia del género y el papel de la mujer; se aleja de las religiones institucionales, subraya la importancia del cuerpo y de la sexualidad y reorienta sus perspectivas hacia el «yo» interior y el estudio de la psicología o de los diferentes estados de conciencia (en paralelo a los «estudios psíquicos» de W. James o F.W.H.).

También se leen con interés las propuestas más bien personales de los capítulos dedicados a las relaciones entre esoterismo y ciencia, mística y metafísica, que intentan conciliar las posiciones del autor con las exigencias de una cierta semántica religiosa y con las perspectivas esbozadas por R. Guénon sobre estos temas. Porque, repitámoslo, es precisamente de un asentimiento, de un punto de vista (casi en el sentido de un *darśana* hindú), de una «mirada esotérica» (para citar a Jean-Pierre Laurant) de lo que se trata principalmente aquí, más que de un intento de definición objetiva dada de una vez por todas. Tal como se evoca en estas páginas, el esoterismo parece ante todo movilizar una multiplicidad de aprehensiones muy personales y refinadas, correspondientes a otras tantas orientaciones propias de la vida espiritual.

Epílogo

Acerca de los autores

Bruno Bérard

Bruno Bérard (1958), doctor en Religiones y Sistemas de Pensamiento (EPHE), es autor de numerosos ensayos de metafísica, algunos de los cuales están traducidos en varias lenguas. Entre sus obras más importantes recordamos *A Metaphysics of the Christian Mystery* (2018) y *Métaphysique du paradoxe* (2019). Actualmente dirige la colección «Métaphysique au quotidien» en la editorial L'Harmattan de París.

Aldo La Fata

Aldo La Fata (1964) se ocupa desde hace muchos lustros del esoterismo, simbolismo y mística religiosa, ha sido durante muchos años jefe de redacción de la revista de estudios universales *Metapolítica*, fundada por Silvano Panunzio y actualmente dirige la revista *Il Corriere Metapolitico*. Es autor, traductor y editor de numerosos libros, entre los cuales se encuentran *Silvano Panunzio: vita e pensiero* (2021) y *Nella luce dei libri* (2022).

197

Hipérbola Janus
Otros títulos publicados

Gianluca Marletta
OVNIS y alienígenas: Origen, historia y prodigio de una pseudorreligión

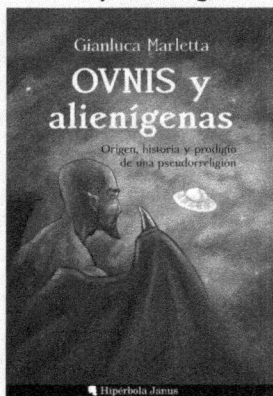

Gianluca Marletta nos introduce en un tema de gran popularidad en las últimas décadas, abordando el fenómeno de los OVNIs y los alienígenas para revelar un trasfondo inquietante a la luz de la historia, la antropología, la teología y la metafísica en lo que podríamos definir como una de las «parodias modernas de la religiosidad» más exitosas.

A través del itinerario histórico que guía el desarrollo de toda la fenomenología OVNI, podemos ver las contribuciones de los distintos autores, corrientes de pensamiento y testimonios que lo han pertrechado. Desde el espiritismo decimonónico, pasando por el impacto en la literatura y el cine vemos cómo nace un mito moderno, con sus arquetipos y sus elementos característicos. Es un mito que se convierte en un fenómeno de masas a partir de Roswell, bajo las nuevas categorías de los contactados y las abducciones y, posteriormente, con el desarrollo de la Paleoastronáutica, en un intento de dar una explicación alternativa frente a la religión a los orígenes del hombre.

Págs.: 214
Fecha: 20/02/2019
ISBN : 978-1797499062

https://amzn.to/2GBMwbD

Eduard Erkes
Creencias religiosas en la China antigua

El prestigioso sinólogo alemán Eduard Erkes nos presenta un original y lúcido ensayo sobre las formas más antiguas de la religión china. Para ello se sirve clásicos como el *Chou-li*, el *Li-chi*, el *Yi-ching* o el *Shan-hai-ching* como fuentes esenciales a través de cinco capítulos dedicados respectivamente al sacerdocio chamánico, a los espíritus, a las divinidades antropomorfas, a las costumbres funerarias y a las divinidades de la naturaleza. Fruto de esta síntesis obtenemos una panorámica de las formas tradicionales de la China clásica en la que se pueden integrar las grandes formas espirituales florecidas en este contexto de civilización: confucianismo, taoísmo y budismo.

Este volumen, que podemos considerar como una parte esencial en el estudio de las religiones, y específicamente en relación al estudio del chamanismo, será una fuente documental de primer orden para los trabajos desarrollados con posterioridad por el conocido historiador de las religiones y etnólogo rumano Mircea Eliade en relación a China.

Originalmente, la obra fue traducida por Julius Evola al italiano en 1958 para el IsMEO (*Associazione Internazionale di Studi sul Mediterraneo e l'Oriente*), pese a las diferencias doctrinarias y de método manifestadas por el pensador italiano frente al propio Eduard Erkes.

Págs.: 144
Fecha: 16/08/2022
ISBN : 979-8846739079

https://amzn.to/3JYUdq6

Otros títulos publicados

Julius Evola
Ensayos filosóficos, esotéricos y religiosos: 1925-1931

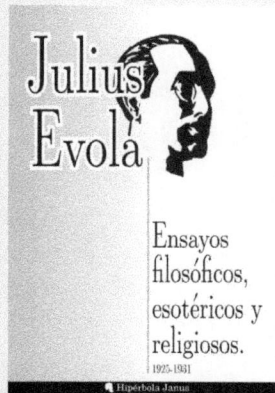

En esta nueva entrega, descubrimos una nueva remesa de artículos, publicados durante la juventud de nuestro autor, Julius Evola, en la revista *Bilychnis*, una publicación orientada hacia los estudios religiosos fundada en 1912 y editada por la escuela teológica bautista de Roma, cuya existencia se prolongó hasta el verano de 1931. La colaboración de Evola con la revista se concretó en los últimos años de su existencia, entre 1925 y 1931.

La obra expone y desentraña las líneas de pensamiento en el itinerario intelectual del autor, en relación a sus posiciones culturales, sus inclinaciones y vocaciones especulativas abarcando diferentes materias: filosofía, política, magia y otras doctrinas sapienciales occidentales y orientales, la alquimia o el hermetismo, marcando las directrices en la maduración de su pensamiento. En este nuevo volumen empezamos a ver a un Evola en transición, que está superando la etapa filosófica, pasando por la propiamente mágica asociada al Grupo de Ur, sus filiaciones con el tradicionalismo romano, determinados por un marcado anticristianismo en la antesala de su etapa más reconocible, la propiamente Tradicional.

Págs.: 214
Fecha: 17/09/2024
ISBN :
978-1-961928-18-3

Gustav Meyrink
La muerte púrpura: Relatos de terror, fantasía y lo grotesco

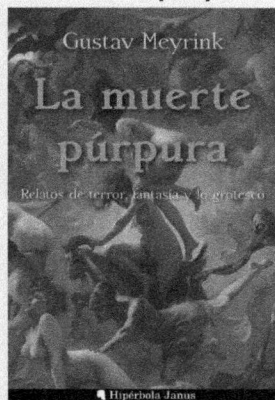

«La muerte púrpura» es el título de una de las historias contenidas en esta recopilación de relatos desarrollados por Gustav Meyrink a comienzos del pasado siglo XX. El autor, de origen austriaco, conocido por su obra cumbre *El Golem* (1915) tuvo unos comienzos literarios algo complicados, publicando una serie de relatos breves en diversas revistas y diarios de su época, entre las que destacarían aquellos de *Simplicissimus*, considerado como el diario satírico más importante de la época de la Alemania Guillermina.

Los relatos que aquí presentamos no dejarán indiferente al lector por la gran cantidad de motivos que en ellos concurren. Podríamos calificarlos de bizarros, extraños o grotescos, con un fuerte componente espiritual, con la omnipresencia de motivos orientales, metafísicos y mágicos, además del terror y la narración de atmósferas oscuras y opresivas donde se trata de conducir al lector a la más pura desesperación y el más absoluto desasosiego.

Págs.: 194
Fecha: 29/11/2015
ISBN : 978-1519603258

https://amzn.to/297UZ3o

Hipérbola Janus

www.hiperbolajanus.com